KB105283

커뮤니티 마케팅

BELONGING TO THE BRAND:
Why Community is the Last Great Marketing Strategy

'소속감'을
디자인하라

마크 W. 셰퍼 지음 · 구세희 옮김

커뮤니티 마케팅

design house

커뮤니티 마케팅

1판 1쇄 발행 2024년 1월 10일
1판 2쇄 발행 2024년 3월 8일

지은이 마크 W. 셰퍼
옮긴이 구세희
펴낸이 이영혜
펴낸곳 (주)디자인하우스

책임편집 김선영
표지 디자인 tiff design
본문 디자인 방유선
교정교열 이성현
홍보마케팅 윤지호
영업 문상식, 소은주
제작 정현석, 민나영
미디어사업부문장 김은령

출판등록 1977년 8월 19일 제2-208호
주소 서울시 중구 동호로 272
대표전화 02-2275-6151
영업부직통 02-2263-6900
인스타그램 instagram.com/dh_book
홈페이지 designhouse.co.kr

ISBN 978-89-7041-784-4 03320

디자인하우스는 독자 여러분의 소중한 아이디어와 원고 투고를 기다리고 있습니다.
원고가 있는 분은 dhbooks@design.co.kr로 기획 의도와 개요, 연락처 등을 보내 주세요.

새 책을 펴고 헌사를 읽는데

작가가 여지없이 그 책을 독자인 당신이 아닌

다른 사람에게 바치는 것을 보고 실망한 적이 많을 것이다.

하지만 이번만큼은 다르다.

아직 만난 적이 없다고 해서

우리가 언젠가 같은 커뮤니티에 속하지 말라는 법은 없다.

우리가 만날 수 있다면 정말 최고로 멋진 일이 될지도 모른다.

그래서 앞으로 나의 가장 가까운 친구가 될 당신에게

이 책을 바친다.

차례

STEP 1
커뮤니티, 최후이자 최고의 마케팅 전략

STEP 2
커뮤니티 운영의 기술과 과학 A to Z

왜 커뮤니티에 주목하는가?

"깊게 생각해 보라. 뛰어난 커뮤니티 없이는 뛰어난 기업도 없다."

—톰 피터스^{Tom Peters}

지금 당신이 들고 있는 이 책에는 회사를 성장시키고, 누구도 빼앗아 갈 수 없는 경쟁 우위를 만들어 내고, 마케팅에 대한 당신의 시각을 완전히 바꾸어 놓을 통찰이 담겨 있다. 어쩌면 세상을 치유하는 데 도움이 될지도 모른다.

이 말이 너무 거창하게 들릴 수도 있겠지만, 난 내 생각이 옳다고 믿는다. '브랜드에 속한다'(이 책의 원서 제목《Belonging to the Brand》를 의미한다—옮긴이)는 개념은 내가 지난 수년간 생각해 온, 그리고 집착해 온 것이다.

이러한 개념이 처음 내 머릿속에 자리 잡은 것은 2018년에 《인간적인 브랜드가 살아남는다》를 출간했을 때였다. 소비자 행동에 중대한 변화가 일어나는 가운데서 갈피를 못 잡고 헤매던 마케터들에게 경종을 울려 준 책이었다.

그 책에서 나는 마케터들에게 각자의 알고리즘과 자동화된 프로그램에서 잠시 벗어나 사랑이나 삶의 의미, 존중 같은 기본적인 인간의 욕구를 렌즈 삼아 우리의 직업을 다시 바라볼 것을 제안했다.

그리고 그중 한 장에서 '앞으로는 마케팅 전략에서 소속감과 커뮤니티를 향한 욕구가 우선순위로 떠오르게 될 것'이라고 전망했다. 책을 다 쓰고 난 뒤, 나는 '소속감과 커뮤니티를 향한 욕구'에 매우 중요하고 핵심적인 내용이 담겨 있음을 깨달았다. 우리가 내거는 광고를 보거나 믿는 고객의 수가 점점 더 줄어드는 오늘날에는 이미 뜨거워질 대로 뜨거워진 콘텐츠 마케팅 경쟁은 지속 가능하지 않고, 검색 엔진 전략으로 수익을 내는 것은 많은 기업에 꿈같은 이야기일 뿐이다. 하지만 커뮤니티는 다르다. 아직 개발되지 않은 고객과의 접점이다.

사람이 어딘가에 소속되도록 만드는 것은 '궁극의 마케팅 성취'라고 할 수 있다. 고객이 흥미로워하고 자신과 관련성이 높은 브랜드 커뮤니티와 함께하려 한다면 온갖 광고와 검색 엔진 최적화^{Search Engine Optimization, SEO} 따위로 그들을 우리 궤도까지 꾀어낼 필요가 없다. 그동안 우리가 '마케팅'이라 여겨 왔던 모든 것이 끝이 난다는 의미다.

30년 전이라면 이런 시나리오가 현실적으로 불가능했을 것이다. 당시의 소비자에게는 선택권이 없었다. 어떤 회사나 비영리 단체, 병원, 대학 등에 대해 알려면 그곳의 광고나 성가신 마케팅 메시지를 받아들여야만 했다. 하지만 10년 동안 수십만 가지의 '구매자 패턴'을 관찰한 결과 우리의 마케팅은 우리가 없는 곳에서 일어나고 있다는 결론이 났다.[1] 게다가 B2B[Business to Business] 기업은 그보다도 문제가 심각하다.[2] 오늘날 우리의 브랜드 이야기는 소셜 미디어 게시물과 리뷰, 후기, 인플루언서, 그리고 인기 있는 콘텐츠 크리에이터 등을 통해 전달된다.

시간이 흐를수록 기존의 전통적 마케팅의 힘은 점점 약해지고 고객과 크리에이터의 힘은 더 커져 간다. 2018년 그렇게 나는 **브랜드에 속하는 것**이 기존의 영업과 마케팅 관행을 무시하고 차단하고 지나쳐 가던 소비자들에게 의미의 원천이 될 것을 알았다.

하지만 나의 예측이 이렇게 빨리 현실이 될 줄은 꿈에도 몰랐다.

커뮤니티에서 위로를 찾는 시대

《인간적인 브랜드가 살아남는다》가 출간되고 정확히 1년 뒤, 코로나19 팬데믹이 우리의 삶을 뒤집어 놓았다. 고객이 각자의 집안에 봉쇄되고 일상생활과 인간관계로부터 차단된 세상에서 가장 인간적인 기업들이 그 빈틈 채우기에 나섰다.

물론 그들이 자리를 잡기까지는 약간의 시간이 걸렸다. 팬데믹 초기에는 기업들도 어찌할 바를 몰라 무작정 광고 문구에만 의존했다.

우리 모두 "유례없는 이 혼란의 시기에 저희가 여러분과 함께합니다" 같은 무의미한 메시지를 얼마나 많이 받았던가. 그러다가 많은 기업이 소매를 걷어붙이고 각자의 커뮤니티를 돕기 위해 나섰다.

- 텍사스의 소시지 제조 업체 키올바사 프로비전 컴퍼니^{Kiolbassa Provision Company}는 매달 지역사회를 위해 약 1만 파운드(4,500킬로그램)의 제품을 기부했다.
- 하이네켄^{Heineken}은 기존 옥외 광고판 운영 예산을 고객 지원비로 돌렸다. 코로나19 봉쇄 기간 동안 술집이 문을 닫자 하이네켄은 내린 셔터에 "오늘은 이 광고를 보시고 내일 다시 찾아주세요^{See this ad today, enjoy this bar tomorrow}"라는 광고를 게재하도록 지원했다. 술집 셔터를 고객의 사업을 살리는 데 도움이 되는 유료 광고 채널로 바꾼 것이다.
- 영국국립오페라단^{English National Opera}은 호흡 곤란과 불안으로 괴로워하는 코로나19 환자들을 돕기 위해 효과적인 호흡법을 알려 주는 무료 프로그램을 제공했다.

내 책의 애독자들은 내가 예언했던 변화들이 지금 눈앞에서 일어나고 있다고 알려 주기 시작했다. 팬데믹으로 인해 드디어 기업들이 클리셰 가득한 가식적인 광고를 집어치우고 진정으로 인간다운 방식으로 고객과 소통하기 시작한 것이다.

두려움에 사로잡힌 사람들은 기록적인 수준으로 온라인 커뮤니티를 찾기 시작했고, 이런 커뮤니티에서의 소통은 거의 두 배로 늘어났다. 미국인의 80퍼센트가 이 기간 동안 온라인 커뮤니티가 자신의 가장 중요한 사회 집단 역할을 했다고 답했다.[3]

사실 커뮤니티를 통해 위안을 찾는 이러한 트렌드는 팬데믹 이전부터 조금씩 생겨나고 있었다. 1960년대 이후로 사람들이 느끼는 우울감과 고립감, 외로움의 정도는 조금씩 심해지고 있다. 교회 예배와 단체 운동, 사교 모임 같은 공동체 활동은 소셜 미디어 피드를 읽고 비디오 게임을 하는 등 몇 시간씩 홀로 보내는 시간으로 대체되었다. 건강 전문가들은 오늘날의 젊은이들을 '가장 외로운 세대'라고 명명했다. 이 세상에서 소속감의 부재라는 크나큰 위기는 전 세계적인 건강 문제가 되었다.

팬데믹은 또 다른 중대한 변화를 불러왔다. 바로 원격 근무다. 이러한 방식은 많은 이들에게 외로움이라는 문제를 더욱 악화시켰지만 동시에 서로 연결이 끊어진 구성원들이 사회적 고립감을 이겨내도록 도울 기술적 혁신의 발전 속도를 높이기도 했다. 나는 앞으로 수십 년간 정신 건강과 웰니스가 지배적인 메가트렌드가 될 것이라고 믿는다. 뉴스 헤드라인을 유심히 보라. 이미 정신적 웰빙을 위한 휴가나 의사들의 정신 건강 관련 충고 같은 소식이 매일 뉴스를 장식하고 있다.

커뮤니티가 브랜드 자체가 될 수도 있다

기존 마케팅의 효과 저하, 폭발적으로 늘어나는 정신 건강 문제,

사람들이 한데 모이도록 돕는 웹3.0과 메타버스상의 기술 혁신 이 세 가지 트렌드가 만나는 곳이 다름 아닌 오늘날 마케팅 메가트렌드인 '커뮤니티'다. 브랜드 커뮤니티라는 개념은 사실 전혀 새로울 것이 없다. 하지만 이 책은 **사상 처음으로 마케팅 전략이라는 렌즈를 통해 커뮤니티를 바라본다**는 데 의미가 있다.

오늘날 대부분의 기업은 이런 측면에서 크게 잘못하고 있다. 커뮤니티를 도와야 하는 곳이 아닌 물건을 팔 시장으로 바라보고 있기 때문이다. 브랜드 커뮤니티의 약 70퍼센트가 제품이나 서비스에 문제가 있거나 문의 사항이 생겼을 때 고객들끼리 묻고 답하는 곳으로 사용되고 있다. 브랜드 구축(3장에서 자세히 설명한다)이라는 커뮤니티의 엄청난 잠재력을 무시하는 것은 마케터들이 가장 필요로 하는 경쟁 우위를 가져다줄 유일무이한 원천을 간과하는 것과 같다. 나는 광범위한 조사와 사례 연구를 통해 커뮤니티, 즉 브랜드에 속하는 것이 현재 빠른 속도로 쓸모없어지고 있는 성가신 마케팅 시스템을 대체할 수 있다는 사실을 제시하고자 한다.

심지어 커뮤니티는 당신의 회사 자체가 될 수도 있다.

훌륭한 브랜드 구축이란 곧 당신이 원하는 마케팅 대상과 당신이 하는 일 사이에 정서적 유대를 만드는 것을 의미한다. 브랜드는 단순히 로고와 슬로건 이상을 지닌 존재로 하나의 **의미 체계**다. 나는 커뮤니티가 고객으로 하여금 우리 브랜드가 그들의 세상과 이어져 있음을 발견하도록, 심지어 그러한 연결을 창출하도록 돕는 의미 체계라고 생각한다.

자신과 관련된 브랜드 커뮤니티에 적극 관여하는 고객에게는 더이상 우리를 애용해 달라고 설득하거나 유혹하거나 쿠폰을 뿌릴 필요가 없다. 우리 커뮤니티에서 찾은 목적의식을 통해 지탱되는, 우리 브랜드의 적극적인 지지자가 되었기 때문이다.

사람은 다른 이들과 한데 모여 살아간다. 먼저 한 가족의 일원이 되었다가 이웃을 만나고, 놀이 친구들과 어울리며, 학교, 교회, 미팅, 결혼식, 페이스북 친구들, 학회, 이사회 회의, 동창회, 파티, 무역박람회, 심지어 장례식까지 곳곳에서 사람들과 함께한다.

최후이자 최고의 마케팅 전략은 바로 커뮤니티다. 사람은 늘 **한데 모이고 어딘가에 속하기를 바라기 때문**이다. 구체적으로 말하자면 당신의 고객은 당신의 브랜드에 소속되길 원한다. 그래서 나는 당신에게 그들을 모으는 방법을 가르쳐 주고자 한다.

이 책은 흥미롭고 유용한 세 가지 단계로 나뉘어 있다. 이를 '스텝'으로 나누어 구분했다.

[STEP 1] 커뮤니티, 최후이자 최고의 마케팅 전략

첫 번째 스텝에서는 왜 지금이 커뮤니티를 꾸려야 하는 때인지, 커뮤니티를 만들 때의 이점은 무엇인지, 그리고 그것이 효과가 있다는 실질적인 증거는 무엇인지를 설명한다. 커뮤니티가 단순한 고객 명단이나 소셜 미디어 팬, 혹은 마케팅 소구 대상과는 다르다는 사실을 알게 될 것이다. 커뮤니티 확립은 지속 가능한 경쟁 우위를 만들어 주는 뛰어난 성과다.

[STEP 2] 커뮤니티 운영의 기술과 과학 A to Z

두 번째 스텝에서는 기업의 마케팅 전략이라는 맥락에서 커뮤니티 운영을 고려할 때 사용할 수 있는 기틀을 제공한다. 이것은 새로운 언어 습득과 우선순위 판단, 그리고 성과 측정 등의 어려움이 동반되는 완전히 새로운 마케팅 마인드셋이다.

[STEP 3] 미래 기술과 차세대 커뮤니티

세 번째 스텝에서는 앞으로 커뮤니티가 나아갈 방향을 살펴본다. 미래 기술은 완전히 새로운 커뮤니티를 기반으로 하는 사업 모델을 제시할 수 있는가? 요즘 젊은 세대는 기존의 마케팅 관점을 완전히 벗어난 커뮤니티를 기대하고 있다는 사실을 깨닫게 될 것이다. 그리고 마지막으로 커뮤니티와 관련된 나의 개인적 경험을 들여다보고 그것이 사업에 어떤 영향을 미쳤는지 살펴볼 것이다.

각 장의 끝에서는 대기업, 중소기업, 대행사, 비영리 단체, 기술, 교육, 예술 등 온갖 분야에서 가져온 사례 연구를 소개한다. 당신이 어떤 분야에 몸담고 있든 배울 점이 있을 것이다.

준비되었는가? 당연히 되었으리라 믿는다. 우리 모두는 커뮤니티에 속해 있고, 커뮤니티는 전 세계 거의 모든 사업체와 단체, 조직에 접근할 수 있기 때문이다.

그럼 시작해 보자. 당신의 커뮤니티가 기다리고 있다.

BELONGING
TO ➡ ♥
ᴛʜᴇ BRAND.

STEP 1
커뮤니티, 최후이자 최고의 마케팅 전략

커뮤니티 기반 마케팅 전략을 선택해야 할 가장 큰 이유는
더 이상 다른 선택권이 없기 때문이다.

1장
디지털 네이티브, 가장 외로운 세대

어떻게 보면 외로움은 지금의 나를 만드는 데 큰 역할을 했다고 할 수 있다.

처음부터 외로웠던 건 아니다. 나는 전형적이고 평화로운 미국 어린이의 삶을 살았다. 피츠버그의 노동자 계층이 모여 사는 동네 거리에서 친구들과 하루 종일 놀며 시간을 보냈다. 우리 가족은 형편이 어려웠기에 나는 물려받은 자전거를 타고 나만의 작은 왕국을 누볐다. 1940년대에 만들어 25년은 족히 넘은 그 자전거는 두 개의 두꺼운 고무 타이어에 탱크처럼 단단한 구조를 갖추고 있었고, 바큇살에는 내가 정성스레 장식한 야구 카드가 붙어 있었다. 동네 언덕을 쏜살같이 달리노라면 바퀴에 붙은 카드들이 서로 부딪히며 시끄럽게 타닥타닥 소리를 내곤 했다.

그 당시에는 딱히 장난감이라고 할 게 없었다. 나는 친구들과 개울가의 돌을 주워다가 끝도 없이 재미난 놀이를 했고, 사방에서 자라나는 열매를 따서 위장 크림처럼 얼굴에 발랐으며, 오래되고 낡아 너덜너덜했던 야구공으로 게임을 했다.

나는 학교에서 인기가 많았다. 부모님께는 안타까운 일이었겠지만 선생님들은 가정 통신문에 내가 반에서 제일가는 장난꾸러기라고 적으셨다. 선생님이 등을 보이기만 하면 자리에서 훌라춤을 춰서 교무실로 불려 가곤 했던 기억이 난다.

다행히 우리 학교는 미국에서 가장 좋은 음악 교육 프로그램을 갖춘 학군에 속해 있었다. 3학년이 되자 우리는 악기를 하나씩 고르게 되었다. 나는 첼로가 정말 좋았고 그것을 배우고 싶다고 어머니께 말씀드렸다.

"첼로를 스쿨버스에 가지고 탈 수 있니?" 어머니가 물으셨다.

"아니, 안 들어갈걸요." 내가 대답했다.

"그럼 첼로는 안 되겠구나."

이웃 사람이 다 망가져가는 클라리넷을 주겠다고 했을 때 자연스럽게 내 악기는 결정되었고, 그렇게 나는 클라리넷을 배우기 시작했다. 그리고 놀랍게도 그럴듯한 재능을 보였다. 5학년이 되자 나는 제1클라리넷 연주자로 전미 중학교 교향악단에서 솔로 연주를 하는 경지에 이르렀다. 오케스트라와 함께 무대에 올라 베토벤 음악에 둘러싸였을 때 느꼈던 기쁨은 말로 형용할 수 없다. 그건 지금껏 내 삶에서 가장 큰 기쁨과 흥분을 느꼈던 순간 중 하나였다.

그러던 중 7학년을 시작하기 바로 며칠 전 우리 가족은 웨스트버지니아의 작은 마을로 이사를 했다. 나는 친구 한 명 없이 새로운 중학교에 입학했고, 200킬로미터나 떨어진 옛 동네와 학교 친구들을 한없이 그리워했다.

1930년대식 노란 벽돌 건물이었던 새 학교는 대단히 낙후되어 있었고 모든 지원이 부족했다. 학생 로커룸은 창문 하나 없이 두꺼운 콘크리트 기둥이 곳곳에 서 있는 무서운 지하실이었다. 등교 첫날, 어디가 어딘지도 모르는 채 지하 동굴 같은 곳에서 홀로 사물함을 찾고 있었는데 덩치가 두 배는 큰 9학년 학생이 다가와 나를 구석으로 몰아붙였다.

그 녀석은 그곳에서도 가장 어두운 구석의 기둥 뒤로 나를 끌고 가더니 자기 '물건'으로 플룻 부는 법을 가르쳐 주겠다며 바지 지퍼를 내렸다. 나는 불현듯 솟아오른 아드레날린과 젖 먹던 힘을 모두 합쳐 그를 밀치고 달아났다. 어두운 지하실을 전속력으로 달려 빠져나가는데 뒤에서 그 녀석이 소리쳤다. 이 일을 누구에게든 말한다면 죽여 버리겠다고.

바로 그 순간, 나는 늘 행복했던 어린아이에서 매 순간 겁에 질려 살아야 하는 12세 소년으로 변하고 말았다. 그후 나는 다시는 내 사물함을 찾지 않았다. 아무리 무거워도 모든 짐을 가방에 넣어 가지고 다녔다. 그 녀석의 위협적인 눈초리가 두려워 급식실에도 발을 들이지 않았다. 그리고 슬프게도 클라리넷도 다시는 잡지 않았고 평생 오케스트라와 함께 연주하지 못했다. 그 녀석이 학교 밴드에서 드럼을 연주했기 때문이었다.

　나는 늘 그림자처럼 외로운 구석에서 숨어 지냈다. 부모님께도 말하지 못했다. 학교를 찾아오신다면 녀석에게 내 목숨이 남아날 리 없으리라 생각했기 때문이었다.

　그러던 중 상황은 더 악화되었다. 부모님이 날 사립 가톨릭 고등학교로 보내신 것이다. 전형적인 말 잘 듣는 첫째였던 나는 단 한 번도 부모님께 걱정을 끼치거나 반항한 적이 없었다. 그런데 갑자기 그런 결정을 내리시다니. 가톨릭 학교가 천국으로 가기 위한 보험증서라고 생각하셨던 걸까, 아니면 내가 공립학교에서 잘 지내지 못한다고 느끼셨던 걸까. 물론 그건 사실이었지만.

　나를 괴롭히던 녀석이 드디어 학교를 졸업했는데 나는 새로운 학교에 들어가 또다시 혼자가 된다는 것이 너무나도 싫었다. 그래서 부모님과 맞서 싸웠다. 하지만 부모님을 이길 순 없었다.

　이렇게 늦은 나이에 공립학교에서 사립학교로 옮기는 건 특이한 경우였다. 사립학교 아이들은 대부분 유치원 때부터 함께 자랐고, 그 아이들의 행동 패턴과 전통, 패거리는 이미 10년 넘게 굳어져 있었다. 신입생은 무시당할 수밖에 없었다. 그렇게 나는 철저히 무시당했다.

　나는 그 어느 때보다도 혼자가 되어 우울감에 빠져들었다. 고등학교 입학 후 첫 학기 동안은 같은 반 친구와 제대로 된 대화 한 번 나눠본 적이 없었다.

　그러다가 벌어진 사건은 나의 삶을 완전히 바꿔 놓았다. 고등학교 1학년 2학기에 나는 학교에서 하는 뮤지컬 단원으로 지원했다. 어디서 그런 용기를 얻었는지는 지금도 모르겠다. 그전까지 연극을 해 본 적도, 무대에서 노래를 불러 본 적도 없었다. 어쩌면 지독한 절망 속에서 될 대로 되라는 식으로 결정한 일인지도 모른다.

이 학교에서 연극은 매우 중요한 이벤트였다. 매년 열리는 학교 뮤지컬에는 온갖 학생이 참여했다. 운동선수, 치어리더, 평소에 공부만 하던 애들까지도. 유일하게 진정으로 모든 학생들을 한데 모으는 행사였다.

오디션 곡으로는 짐 크로스^{Jim Croce}의 〈타임 인 어 보틀^{Time in a Bottle}〉을 불렀다. 곡 선정은 쉬웠다. 짐 크로스의 히트곡 모음집이 내가 처음으로 산 레코드 음반이었고, 〈타임 인 어 보틀〉이 유일하게 모든 가사를 아는 노래였으며, 솔직히 말해 이것이 내가 아는 대중음악 중에 가장 음정에 높낮이가 없는 노래였기 때문이었다.

다음 날 일과가 끝날 무렵 오디션 결과가 나왔다. 나는 게시판에 붙은 명단 속에서 자기 이름을 찾으려 웅성대는 한 무리의 학생들 사이로 들어갔다. 내 이름을 찾을 수 없었다. 그러다가 천천히 명단 꼭대기까지 훑어 올라갔는데, 가장 꼭대기에 내 이름이 있었다. 학교 뮤지컬에서 내가 주연을 맡게 된 것이다.

나는 웅성대는 학생들 사이에 못 박힌 듯 서 있었다. 모두가 물었다. "마크 셰퍼가 대체 누구야?" 그 정도로 내 존재감이 없었던 것이다. 나는 이 기적적인 일을 어떻게 받아들여야 할지 고심하며 조용히 그 자리를 벗어났다.

나는 그렇게 돌연 학교에서 유명인이 되었다. 매일 리허설이 시작되면 나는 하나의 전통과 공통의 언어, 그리고 목적의식을 공유하는 공동체의 일원이 되었다. 경험 많은 선배들은 내게 멘토가 되어 주었고, 여학생들은 내 관심을 끌려 애썼으며, 데이트를 하기도 쉬워졌다. 다른 주연 배우 중 한 명이자 1학기 때 나를 놀리던 아이는 가장 친한 친구가 되었고, 나중에는 룸메이트가, 그리고 내 결혼식 때는 신랑 들러리가 되어 주었다.

뮤지컬은 대히트였고 나는 모든 사람의 관심을 독차지했다. 수십 년 후 한 친구가 그때 찍은 홈비디오를 보여 준 적 있는데 사실 내 연기는 내가 봐도 꽤 좋았다.

신의 개입이라고도 할 수 있는 한순간의 선택으로 그렇게 나는 연극반의 최고 스타로 등극했다. 청소년기로 접어든 후 처음으로 **어딘가에 속하게 된 것이다.**

이렇게 주류 속으로 받아들여진 뒤 나는 완전히 달라졌다. 학교 학생회의 리더이자 내셔널 아너 소사이어티^{National Honor Society}(학업성취도, 리더십, 봉사 정신, 성품을 바탕으로 선발되는 전미 고등학생 조직—옮긴이) 회장이 되었다. 교내 운동선수로 뛰고, 지역 신문에 기고했으며, 훌륭한 리더십으로 많은 상과 장학금도 받았다. 이를 통해 높아진 자신감과 성취감은 대학교와 그 이후의 삶에도 자연스레 영향을 미쳤다. 연극반에 소속되어 활동한 것이 내 인생에서 완전히 새로운 궤도를 만들어 준 것이다.

나는 언제나 이런 존재론적인 의문을 품었다.

내가 속했던 그 커뮤니티를 발견하지 못했다면 내게 어떤 일이 일어났

을까?

그 당시는 나의 인격 형성에 결정적인 시기였다. 아이가 만 15세가 되면 신경학적 기틀이 모두 정해진다고 한다. 심리학자들은 어린 나이에 어떤 그룹에 속하는 것이 그 아이의 정체성을 계발하는 데 필수적이라고 주장한다. 어린 시절에 고질적으로 외롭다고 느꼈던 사람의 3분의 2가 어른이 되어서도 항상 혹은 대체로 외롭거나 고립감을 느낀다고도 한다.[1]

청소년기의 경험은 우리가 어떤 어른이 될지 보여 주는 강력한 예측인자이고 당시 나는 긍정적인 방향으로 나아가지 못하고 있었다. 고등학교라는 공동체 속에서 주변 사람들에게 인정받는 기쁨을 누리는 대신 끝없는 외로움 속에서 살아야 했다면 나는 어떻게 되었을까? 바로 그 중요한 순간에 그림자 밖으로 나오지 않았다면 대학 생활을 잘할 수 있었을까? 《포천》 선정 100대 기업에서 승승장구할 수 있었을까? 내 사업을 시작할 수 있었을까?

아니, 애초에 이 책을 쓸 수 있었을까?

외로움이라는 전 세계적 유행병

내 친구 제닝스Keith Jennings는 의료 업계에서 임원으로 일하고 있는데 그의 진짜 직함은 비즈니스 철학자다. 몇 년 전 우리는 그가 '용광로'라고 이름 붙인 한 가지 개념을 두고 논쟁을 벌였다. 그는 우리의 궁극적인 가치관과 목적의식이 어린 시절의 상처에서 말미암아 발전된다고 말했다. 각각의 상처는 용광로가 되어 앞으로 수년간 개인적으로 나아갈 방향과 열정에 불을 붙여 준다는 것이다.

그의 생각이 옳다. 내게는 수많은 용광로가 있고 내 어린 시절의 외로움은 다른 여러 가지 특성과 함께 내가 하는 일에서 그대로 드러난다. 전 세계를 뒤덮은 외로움이라는 유행병에서 비롯된 범죄와 질병, 우울증의 증가 추세를 보도하는 헤드라인을 볼 때마다 마음 깊이 안타까움을 느끼는 건 분명 내 유년기 경험의 영향이 클 것이다.

외로움이란 내가 필요로 하는 연결의 수준과 지금 내가 처해 있는 수준 간의 격차에서 나온다. 이것은 주관적인 느낌이기에 아는 사람이 많더라도 여전히 외로움을 느낄 수도 있다. 왜 우리의 소셜 미디어가 수많은 연결로 가득 차 있는지 이것으로 설명할 수 있다. 하지만 실제로 소셜 미디어상에서 많은 시간을 보낼수록 외로움이 더 심각해지는 사람도 많다.

외로움이라는 위기가 수십 년 동안 점점 커져 왔다는 결정적인 증거가 있다.[2] 1980년대에는 20퍼센트의 미국인이 '가끔 외롭다'고 응답했다. 그 수치는 현재 40퍼센트에 이른다. 놀랍게도 밀레니얼 세대의 22퍼센트가 '친구가 전혀 없다'고 답했다.[3]

미국 공중보건서비스 단장 겸 의무총감인 비베크 머시Vivek Murthy는 의사로서 자신의 경험을 이렇게 요약했다. "환자들을 돌보던 당시 내가 본 가장 흔한 질병은 심장병이나 당뇨병이 아니었다. 그건 바로 외로움이었다."[4]

이것은 비단 미국만의 문제가 아니다. 외로움이라는 짙은 베일이 전 세계를 뒤덮고 있다. 영국은 이 국가적인 문제에 맞서기 위해 고독부 Ministry of Loneliness 를 신설했다. 인도와 중국인의 3분의 2가 현실의 삶보다 온라인에서의 삶을 더 좋아한다고 답했다.[5] 청년이 부모의 집에서 은둔 생활을 하며 수개월 혹은 수년간 등교도 출근도 하지 못하는 상태를 일컫는 **히키코모리**라는 말이 일본에서 처음 만들어져 이제는 다른 여러 나라까지 휩쓸고 있다.

외로움은 다른 여러 가지 형태의 스트레스와 마찬가지로 우울증, 불안, 약물 남용 같은 정신 건강 문제의 위험을 높인다. 심장병, 암, 뇌졸중, 고혈압, 치매 같은 신체적 질병의 위험도 커진다. 잘 알려진 한 분석에 따르면 외로움이 건강에 미치는 영향은 하루에 담배 15개비를 피우는 것과 같다.[6]

왜 요즘 사람들은 외로움을 더 많이 느낄까?

이러한 추세는 모든 세대에 영향을 미치고 있지만 특히 젊은이들 사이에서 심각하다.

오늘날의 십대 청소년은 이전 세대에 비해 데이트를 잘 안 하고, 집 밖을 잘 나가지 않으며, 성인으로서 해야 하는 활동을 미루는 경향이 더 크다.

그들 중 많은 수가 이전 세대에 비해 수면과 운동 시간, 친구와 만나 보내는 시간이 적으며 이로 인해 불안, 우울증, 충동적인 행동, 자해, 심지어 자살에 이르기까지 내적 파멸 현상을 겪고 있다.[7] 《청소년기 저널Journal of Adolescence》의 보고에 따르면 사춘기 청소년의 외로움은 6년 만에 조사 대상 37개국 중 36개국에서 두 배로 커졌다.[8] 이러한 동향은 성별이나 경제적 부에 관계없이 동일하게 나타났으며, 인종이나 지역적 배경을 가리지 않고 나타났다.[9]

18세부터 24세까지 청년 중 4분의 1 이상이 정신 건강 문제가 직장 근무에도 큰 영향을 주고 있다고 말한다(전체 직장인 응답자의 경우는 14퍼센트).[10]

이런 암울한 메가트렌드는 과연 무엇 때문인가? 복잡한 문제이긴 하지만 과학자들이 제시하는 몇 가지 이유는 다음과 같다.

- 한부모 가정 '퓨 리서치 센터Pew Research Center'[11]에 따르면 현재 미국 어린이의 거의 4분의 1이 한부모 가정에서 자라고 있으며, 이는 전 세계 한 부모 가정 어린이 평균의 세 배가 넘는 수치다. 전미 가정 생활American National Family Life 설문조사 결과를 보면 이러한 상황이 더 높은 수준의 외로움과 우울감으로 이어지고 있다.

- 부모의 이혼 경험 이혼한 부모 밑에서 자라는 청소년은 사회적으로 어려움을 겪을 가능성이 두 배 높으며 더 큰 사회적 고립감을 경험한다.[12]

- 줄어드는 가족 규모 가족 규모와 양육 비용 등이 본격적으로 사회적

화두에 오르기 전부터 이미 가족 규모는 줄어드는 추세였다. 연구에 따르면 '외동 자녀'가 외로워질 가능성이 더 높다.[13]

- **팬데믹의 압박** 학교 상담사들은 코로나19로 인한 봉쇄 이후 불안감, 감정 조절의 어려움, 낮은 자존감의 징후 등의 사례가 급격히 늘어났다고 보고했다. 비베크 머시 미국 의무총감은 청소년 사이에서 정신 건강 위기가 크게 증가했다고 경고했다.[14] 팬데믹 기간 동안 겪은 삶의 대혼란은 그 여파가 오래갈 것이다.

- **늘어난 스마트폰 사용 시간** 십대 청소년들 사이에서 소셜 미디어를 보며 시간을 보내는 건 선택이 아닌 필수처럼 변해 버렸다. 다른 세대가 하루 평균 2.5시간 동안 스마트폰을 사용하는 것에 비해 Z세대는 그 세 배인 7.5시간 동안 사용한다.[15] 소셜 미디어 과다 사용자는 그렇지 않은 사람들에 비해 우울감을 겪을 가능성이 약 30퍼센트 더 높다.[16] 소셜 미디어가 분노 유발 장치라는 사실도 문제다. 사람들은 온라인에서 이전보다 훨씬 더 못되게 굴고, 양극화되었으며, 괴롭힘과 비난도 크게 늘어났다.

소셜 미디어를 통해 여러 친구와 쉽게 대화를 할 수 있는 세상이 되었건만 사람들은 그 어느 때보다도 외로워졌다. 이런 사실은 정말이지 아이러니하다. "친구들과 어울리고는 있지만 친구는 거기 있지 않아요. 우리가 필요로 하는 바로 그 사회적 접촉도 아니고, 외로움을 느끼는 것을 막아 주는 것도 아니죠."[17] 오리건 건강과학대학교[Oregon Health & Science University]의 심리학자 보니 나이젤[Bonnie Nagel]의 말이다.

대부분의 온라인 친구라는 것이 열량만 높고 영양소는 제대로 갖추지 못한 정크푸드와 다름없는 것은 아닐까.

소속감을 갈망하는 것은 인간의 본능이다

하버드 대학교의 연구원들은 인류 역사상 가장 규모가 큰 건강 연구를 통해 동일 집단 사람들의 삶을 85년 넘게 조사했다.[18] 그들은 인간의 일생을 발달 단계에 따라 살펴봄으로써 어떤 인생이 궁극적으로 좋은 삶인지, 그리고 어떤 사람들이 더 오래 사는지 공통적인 요인을 파악하고자 했다.

수십 년의 연구 끝에 그들은 장기적인 만족감이 돈이나 지위, 물질에서 나오는 것이 아님을 발견했다. 가장 행복하고 건강하게 산 사람들은 돈독한 대인 관계를 갖춘 반면 사회적으로 고립되어 산 사람들은 나이가 들면서 정신과 신체 건강이 악화되었다. 이 프로그램의 책임자인 로버트 월딩거[Robert Waldinger] 박사는 TED 강연에서 연구 결과를 발표했고[19], 이는 4,400만 조회수를 기록했다. 그가 내린 결론은 '외로움이 사람을 죽인다'는 것이었다.

서배스천 영거[Sebastian Junger]는 《트라이브, 각자도생을 거부하라》에서 이렇게 말했다.

"사회가 근대화되면서 사람들은 공동체로부터 떨어져 독립적으로 살 수 있게 되었다. 현대인은 도시에 살든 시골에 살든 역사상 처음으로 하루 종일, 아니 평생 동안 거의 낯선 사람만 만나면서 사는 지경에 이르렀다. 다른 사람들에게 둘러싸여 있으면서도 마음 깊은 곳에서는 위험할 만큼 외롭다고 느끼게 된 것이다.

이것이 우리에게 큰 부담을 준다는 증거는 어디에서든 찾을 수 있다. 행복이란 본디 악명 높을 정도로 측정하기가 힘들지만 정신적 질병은 그렇지 않다. 여러 연구에 따르면 현대 사회는 의학과 과학, 기술 측면에서 기적에 가까울 정도로 발달했지만 동시에 인간 역사상 우울증, 조현병, 불안감, 만성적 외로움에 시달리는 사람이 가장 많기도 하다. 풍족해진 사회의 부富는 사람들을 우울증으로부터 보호하는 것이 아니라 오히려 그 증상을 더욱 가속화하는 듯하다."

나는 운이 좋았다. 기적이 일어나 내가 외로움에서 벗어나 생산적이고 만족스러운 삶으로 나아가게끔 도와주었다. 그래서 종종 이런 생각을 한다. '나만큼 운이 좋지 못한 수백만의 다른 사람들에게는 무슨 일이 일어날까? 창의적이고 지적이며 리더로서의 자질을 지닌 한 세대 전체를 외로움 때문에 잃어버리는 것은 아닐까?'

지금이 바로 커뮤니티가 가장 필요한 때다

지금까지 우울한 이야기만 늘어놓았던 것 같다. 이 심각한 문제를 거론할 무대를 마련하려면 피할 수 없는 일이었다. 이제부터는 분위기를 바꿔 긍정적인 변화와 희망을 가져올 놀라운 기회에 집중하도록 하자. 이제까지 살펴본 모든 동향은 지금이야말로 경제적 혜택과 사회적 이득을 모두 제공하는 커뮤니티 기반 비즈니스 모델을 채택할 시기라는 사실을 가리키고 있다.

휴렛패커드 엔터프라이즈의 혁신 담당 부사장 로버트 크리스천슨 **Robert Christiansen**은 이런 변화가 이미 일어나고 있다고 말한다.

"인간은 사회적 동물입니다. 그리고 우리는 다른 사람들과 가까이 지내야만 하죠. 바로 그 근접한 거리에서 에너지와 상호 교환이 발생합니다. 내가 누군가를 바라보고 그 사람이 나를 바라볼 때, 공동체의 사회적 상호작용 안에서 진정으로 나라는 사람이 존재하는 겁니다. 이것은 우리가 어려움을 이겨낼 수 있는 힘을 만들어 주고 인간으로서 회복탄력성이 커지도록 도와줍니다. 지난 수십 년간 우리는 사회적 지위 안에서 삶의 의미와 행복을 찾는 능력을 빠르게 상실했습니다. 인간 공동체를 기술적 오락으로 대체해 버렸기 때문이죠. 이러한 트렌드는 곧 방향이 바뀔 겁니다. 이미 그렇게 되고 있어요."

퍼스트 라운드 캐피털**First Round Capital**에서 실시한 연구도 이와 같은 생각을 뒷받침한다. 스타트업의 80퍼센트가 기본 마케팅 전략으로 커뮤니티에 투자하고 있으며, 28퍼센트는 그것이 '자사의 성공에 가장 중요하다'고 여기고 있다.[20]

이것은 마케팅의 미래를 엿볼 수 있는 소중한 기회다. 스타트업들은 왜 갑자기 커뮤니티에 집중하고 있는가? 바로 그것이 **고객이 원하**

는 것이고, 필요로 하는 것이며, 무엇보다도 효과가 있기 때문이다.

기업은 깊이 뿌리 내리고 있던 광고 전략을 버리고 고객을 알고, 고객과 정보를 공유하고 제품을 함께 창조하며, 고객 충성도와 지지로 이어질 감정적인 연결을 구축할 새로운 방법을 찾고 있다.

커뮤니티는 기업과 고객 모두에게 좋다. 브랜드 커뮤니티에 속하는 것이 그 구성원의 자존감과 자아 정체성, 자부심을 높여 준다는 연구 결과가 수없이 많다. 공통의 역사와 언어, 정신을 커뮤니티와 공유하는 것은 강력한 소속감을 형성하는 데 크게 기여한다.[21]

이 책을 거의 다 완성했을 때 새로 발표된 매킨지앤드컴퍼니McKinsey & Company의 연구 논문 〈브랜드를 구축하는 더 나은 방법, 커뮤니티 플라이휠A better way to build a brand: The community flywheel〉이 내 시선을 사로잡았다. 저자들은 커뮤니티가 최근 10년을 통틀어 가장 중대한 마케팅 트렌드라고 주장했다.[22]

이 세상이 엄청나게 큰 목소리로 우리에게 말하고 있지 않은가. **지금 우리에겐 커뮤니티가 필요하다고.**

2장에서는 당신의 회사도 커뮤니티를 시작할 때가 된 것인지 살펴보자.

퀼트, 대안 커뮤니티가 되다

요약: 애슐리 섬너가 외로움의 격차를 메워 줄 오디오 앱을 만들다.

애슐리 섬너[Ashley Sumner]는 십대 때부터 사람들을 한데 모으는 데 능했다. 그렇기에 대화 커뮤니티를 만들어 주는 앱을 개발하는 건 그녀에게 당연한 일이었는지도 모른다. 그녀의 말처럼 '모르는 사람과 이야기하는 데서만 얻을 수 있는 힘이 있기' 때문이다.[23]

"모르는 사람과 이야기를 하는 건 정말 흥미롭고 큰 힘을 줘요. 그건 심리치료사를 찾는 것과 같은 이유 때문이에요. 객관적인 시각을 원하는 거죠. 사람은 본래 다른 사람과 깊이 연결되고 소통할 필요가 있어요. 하지만 지금은 그 어느 때보다도 서로간에 연결이 끊어져 있죠. IT 기업들이 지난 20년간 소셜 미디어를 통해 자기들 입맛대로 커뮤니티를 만들며 우리를 기니피그처럼 이용했기 때문이에요. 소셜 미디어는 실패작이에요.

로스앤젤레스로 이사 온 뒤 커피숍이나 호텔 로비에서 열 명씩 함께 대화를 나누는 프로그램을 개최했어요. 사람들이 커뮤니티를 간절히 원했거든요. 아무도 모르던 상태에서 시작해 금세 이런 대화에 참여하고 싶어 하는 수천 명의 명단을 갖게 됐어요.

세상 사람 모두가 매일 쉽게 이런 경험을 할 수 있기를 바랐어요. 그렇게 해서 '퀼트Quilt'가 태어났죠. 우리의 비전은 사람들이 자기 집에 다른 사람들을 초대해 대화를 나누고 여러 가지 경험을 하게 만드는 거예요. 커뮤니티가 한데 모이도록 해서 이웃과 친해지고 각자에게 중요한 일들에 대해 이야기할 수 있도록요."

소셜 오디오 플랫폼으로 진화하다

처음 2년 동안 퀼트를 통해 5,000건의 실시간 오프라인 대화가 개최되었다. 누군가의 집에서 한 번에 5~15명의 사람들이 모였다. 그러다가 코로나19 사태가 터졌고 애슐리의 사업 모델은 하루아침에 날아가 버렸다.

"모르는 사람들이 누군가의 집에 모이면 안 되는 일이 벌어졌죠. 그래서 퀼트는 소셜 오디오 플랫폼으로 진화했어요. 커뮤니티가 모일 수 있는 아주 작은 공간이죠. 오디오만 사용한 것은 동영상이 커뮤니티를 만드는 최고의 방법이 아니라는 걸 깨달았기 때문이에요. 자기의 외모나 집안 상태가 말쑥하지 못하다고 생각되면 예고 없이 참석하지 않는 사람들이 있었거든요. 화상 회의를 준비하는 건 커뮤니티에 일종의 장애물이 돼요. 누군가 자기 카메라를 끄면 관심이 없는건가 싶어서 마음 상하는 사람들이 생기기도 하고요. 동영상은 마찰을 가져왔어요. 그래서 음성으로만 하기로 했죠.

우리는 친절을 핵심 가치로 삼고 있어요. 우리가 장려하는 행동과 용납할 수 없는 행동에 대해 분명히 밝혔죠. 퀼트 커뮤니티 가이드라인은 우리가 사람을 어떻게 존중하는지 잘 보여 줘요. 이런 투명성이 신뢰를 키워 주죠.

대부분의 소셜 플랫폼은 이미 알고 있는 사람들과 연결을 시작해요. 직업적으로 아는 사람일 수도 있고, SNS에서 본 사람일 수도 있어요. 하지만 퀼트는 달라요. 모르는 사람으로 시작해서 각자 삶에서 겪고 있는 일들을 바탕으로 친구가 되는 거죠."

실시간 상호작용의 역할

현재 실시간 만남은 퀼트 커뮤니티에서 중요한 역할을 하지만 오디오 채널을 통해 커뮤니티가 이미 형성된 다음에 대면 만남을 한다는 점에서 차이가 있다.

"두 달 전쯤 한 커뮤니티에서 100명의 퀼터들이 비행기를 타고 날아와 함께 주말을 보냈어요. 서로의 집에서 재워 주고, 함께 소풍을 가고, 파자마 파티와 재미있는 게임을 즐겼죠. 재미난 복장을 하고 온 사람들도 있었고요. 남녀노소 가릴 것 없이 전국에서 모여든 이 사람들은 퀼트에서 자신의 속마음을 터놓고 이야기하고 서로 격려하며 함께 팬데믹을 이겨낸 친구들이었어요.

이제는 그중에 동거를 시작한 사람들도 있고, 함께 사업을 하거나 동업을 하는 이들도 있어요. 이러한 관계의 진전은 저에게 큰 깨달음을 줬죠. 이들은 서로 모르는 사람으로 시작했지만 커뮤니티를 통해 서로에게서 의미를 찾게 된 거예요."

2장
'팔로워'와 '청중'이
커뮤니티가 되게 해라

마케터들은 고객이나 이해관계자들과 긍정적인 감정을 공유하는 브랜드 정체성을 만들기 위해 노력한다.

브랜딩 전문가 이블린 스타Evelyn Starr는 브랜드란 '어떤 기업에 대한 경험과 인상을 바탕으로 그 기업과 상호작용할 때 얻게 될, 결과물에 대한 기대'라고 정의한다. 아마 모든 사람이 그 기대와 감정이 신뢰와 존중, 그리고 희망을 약간 보태 사랑이라고 표현되기를 바랄 것이다.

브랜드와의 연결이 과거에는 광고를 통해 이루어졌다. 오래전 폴란드에서 대규모 청중 앞에서 강연을 한 적이 있는데 그때 내가 이렇게 물었다. "코카콜라라는 말을 들으면 무엇이 떠오르시나요?" 그랬더니 누군가가 이렇게 소리쳤다. "북극곰이요!" 폴란드에서조차 코카콜라는 북극곰을 연상시키고 있었던 것이다.

수십 년이라는 시간과 수백만 달러의 광고비 투자로 코카콜라는 자사 제품 이미지를 '갈색 설탕물'에서 귀엽고 사랑스러운 북극곰 가족으로 바꾸는 데 성공했다(심지어 북극곰 굿즈도 판매하고 있다).

그런데 여기에도 문제가 있다. 수십 년과 수백만 달러를 투자했지만 이런 식으로 반복과 친숙함을 통해 감정을 유발하는 낡은 방식은 이제 거의 끝났기 때문이다. 누가 뭐래도 우리는 콘텐츠 스트리밍과 광고 차단이라는 세상으로 나아가고 있고, 그곳에서는 설사 누군가 당신의 광고를 보더라도 곧이곧대로 믿지 않을 것이다.

마케팅 업계에는 리부팅이 절실히 필요하다. 그리고 완전히 새로운 맥락에서 커뮤니티의 역할을 바라보는 것으로 어느 정도 리부팅이 이루어질 것이다.

여기에서 더 나아가기 전에 먼저 커뮤니티란 무엇인지, 그리고 그것이 청중이나 고객, 소셜 미디어 팔로워와는 어떻게 다른지 알아보도록 하자.

팔로워, 청중, 커뮤니티의 차이

디지털 세상에서 우리의 고객과 잠재 고객은 하나의 감정적 연속체 속에 살고 있는데, 마케터라면 이것을 달달 외울 정도로 파악하고 있어야 한다. 이에 대해 지금부터 자세히 살펴보자.

감정적 연결의 연속체

소셜 미디어 팔로워는 약한 관계 사슬이다. 알고리즘 덕분에 정해진 거리 안에 고객을 잡아 둘 수는 있지만 누군가가 엑스(옛 트위터)에서 당신을 팔로우한다고 해서 당신의 제품이나 서비스를 언젠가 구매하게 될 거라는 뜻은 아니다. 페이스북에서 '좋아요'는 단순히 손을 한 번 흔들며 '안녕하세요. 한 번 들어와 봤어요. 하지만 난 고객은 아니에요.'라고 말하는 것과 같다. 어떤 브랜드가 소셜 미디어에 포스팅을 하는 것은 해변에 서서 메시지가 든 병을 바다로 던지는 것과 마찬가지다. 고객 서비스 요소를 제외하고 이런 수준의 마케팅은 단순히 희망을 품은 활동에 불과하다. 그리고 페이스북과 엑스 같은 주요 소셜 채널에서 빠르게 이탈 중인 젊은 고객의 경우에는 그나마 그 희망이 점점 더 줄어들 것이다.

그래도 소셜 미디어에서 구독자를 모으는 것은 여전히 중요하다. 그것이 곧 **잠재력**을 뜻하기 때문이다. 소셜 플랫폼에서 당신을 팔로우하는 사람은 연속체의 다음 단계인 구독자로 나아갈 후보자다.

청중은 감정적 연결의 수준이 훨씬 더 높고 **믿을 만한 연결**을 보여준다. 당신 회사의 뉴스레터나 팟캐스트, 기타 콘텐츠를 구독하는 청중은 당신의 메시지를 받아들이기로 선택하고 마케팅을 허용한 사람이다. 이제 당신은 누군가가 당신의 소셜 미디어 포스팅을 볼 것이라고 '희망'하는 대신 누가 우리 브랜드와 얼마나 자주 연결되어 있는지 직접적이고 믿을 만한 '통찰'을 갖게 된 것이다. 시간이 흐르면 청중은 열정적인 팬이자 추종자, 고객이 될 수 있다.

하지만 대부분의 기업이 막히는 지점이 바로 여기다. 콘텐츠와 구독자 수준의 감정적 연결보다 더 나아가지 못하는 것이다.

커뮤니티는 감정적 방향 일치와 헌신의 가장 높은 단계를 나타낸다. 이것은 청중이 리더나 브랜드 이미지를 따르는 것과 같은 개인적 추종을 넘어서 자기 힘으로 지탱 가능한 하나의 개체가 된다.

내가 연구 조사를 위해 즐겨 찾는 GWI^{Global Web Index}에서 소셜 미디어 사용자와 온라인 커뮤니티 구성원들에게 각각의 플랫폼에 대해 어떻게 느끼는지 물어본 적이 있다. 의미 있는 대화를 나누고, 존중받고, 대우받을 능력을 포함해 **신뢰와 헌신** 수준에서 커뮤니티와 소셜 미디어 사이에 상당한 차이가 나타났다.[1] 안전한 커뮤니티에 속해 있는 구성원들은 네티즌들의 못마땅한 눈초리를 피하고 비난받을 두려움 없이 민감한 문제들을 탐색할 수 있다.

커뮤니티는 또한 브랜드와 커뮤니티 구성원의 제품 공동 창조와 실시간 커뮤니케이션, 시장과 소비자 동향에 대한 통찰을 비롯해 완전히 새로운 수준의 경제적 혜택을 가져다준다. 이것은 궁극의 고객 연결 방식이다. 관계가 진정으로 돈독해지면 커뮤니티 자체가 사업이 될 수 있고 다른 마케팅 비용을 줄이거나 없앨 수 있다. 어떤 마케팅 전략이든 꿈의 목표가 아니겠는가.

이 감정적 연결의 연속체를 기존의 고객 관계 관리$^{\text{Customer Relation}}$ $^{\text{ship Management, CRM}}$처럼 생각해 보자. 고객 관계 관리에서 마케팅은 고객의 관심을 인지에서 고려로, 그리고 구매와 충성심, 지지로 이동시키는 데 목표를 둔다. 커뮤니티를 통한 감정적 임파워먼트^{empowerment}(리더가 업무 수행에 필요한 책임과 권한, 자원에 대한 통제력 등을 부하에게 배분 또는 공유하는 과정—옮긴이)를 기반으로 한 마케팅 전략은 오늘날 우리가 의존하는 희망 기반의 마케팅 시스템보다 더 효과적이다.

고객을 팔로워에서 청중으로, 그다음 커뮤니티로 이동시키는 건 실제로 고객이 두 팔 벌려 브랜드를 받아들이는 과정이다.

커뮤니티가 가진 3가지 특징

양파를 한겹 더 벗기듯 조금 더 파고들어 커뮤니티를 명확히 살펴보도록 하자. 청중이나 소셜 미디어 팔로워와 비교해 커뮤니티만의 구별되는 특징이 세 가지 있다.

- 서로 간의 연결 이웃과 마찬가지로 커뮤니티 구성원은 실제로든 온라인으로든 서로를 알고 소통한다. 마치 어려운 일이 있을 때 도와주는

이웃처럼 서로를 돕기 위해 정보를 공유하기도 한다. 이 구성원 간에는 유대감이 있으며, 해당 커뮤니티에 속하지 않은 다른 사람들과 집단적인 차이점이 느껴진다.

- **목적의식** 비슷한 생각을 가진 사람들이 커뮤니티에 모인다. 그곳에 가야 하는 공통된 이유가 있기 때문이다. 들새 관찰이나 소프트웨어 개발, 정치 활동, 아니면 마케팅의 미래에 대한 관심 같은 것이 될 수도 있다. 그러한 공통의 목적의식이 그들을 한데 끌어모은다. 절차와 전통을 공유함으로써 커뮤니티의 정체성을 강화하고 구성원들이 공통의 가치관 아래 유대를 맺게 해 준다.

- **관련성** 목적의식과 무관한 커뮤니티는 와해되고 만다. 번창하는 커뮤니티는 핵심 가치관을 유지하는 동시에 구성원들의 시간과 필요에 맞춰 움직이고 변화한다. 이러한 적응력은 커뮤니티의 유지와 생존을 보장하는 것은 물론 그룹의 내적 응집력을 더욱 강화한다.

이 세 가지 특징을 갖추는 것은 단순하지만 동시에 어렵다. 물론 나중에 이야기할 커뮤니티의 다른 역학 관계와 미묘한 차이가 있지만 이 세 가지 포인트가 성공적인 커뮤니티의 기본적인 조건임에는 변함이 없다.

우리는 지금 마케팅 전략이라는 렌즈를 통해 커뮤니티를 살펴보고 있다. 브랜드와 관련이 없는 다른 종류의 커뮤니티도 무수히 많다.

나는 우리 집 근처 스모키산맥의 아름다운 자연을 사랑하는 사람들의 페이스북 그룹에도 속해 있다. 보기만 해도 마음이 편안해지는 동물들, 특히 내가 가장 좋아하는 수달 사진을 보러 이 커뮤니티를 찾는다. 여기에는 기업의 특정한 의도도 없고 어떤 행동에 나서기 위한 조직도 없다. 이 커뮤니티에 조직이 생기기를 바라지도 않는다.

지난 4년간 브랜드 커뮤니티의 잠재력에 대해 배우며 이런 생각을 했다. '기업들은 역사상 최고의 마케팅 기회를 왜 놓치고 있는 걸까?'

고객들은 어딘가에 속하기를 갈망하고 있다. 그런 그들에게 우리 브랜드와 소통할 수 있는 아주 좋은 이유를 주는 건 어떨까? 그러면서 동시에 마케팅이라는 게임의 판도를 완전히 바꾸어 보는 건 어떨까?

브랜드 커뮤니티, '감정'의 비즈니스

이 책에서 나는 '브랜드 커뮤니티'라든가 '기업 커뮤니티' 같은 말을 주로 사용하고 있지만 사실 이해관계자들과 유대를 맺고 소통하고자 하는 조직이라면 어디든 커뮤니티를 이용할 수 있다.

당신에게도 커뮤니티 구축이 필요할까? 이렇게 생각해 보면 된다. 당신과 당신의 고객 사이에서 인간을 중심으로 한 감정적 유대를 맺는 것이 얼마나 중요한가?

당신이 속한 조직이 다음과 같이 인간관계를 기반으로 하는 사업을 하고 있다면 당신은 커뮤니티를 운영하기에 대단히 적합한 사람이다.

- 보험, 컨설팅, 여행, 웰니스, 코칭, 자산 관리 같은 개인 서비스

- 모든 종류의 스포츠, 엔터테인먼트, 게임

- 모든 수준의 교육

- 소매, 식당, 패션

심지어 문구류나 자동차 부품 같은 상품을 중심으로 한 커뮤니티도 있다. 마케팅을 업으로 삼은 사람이라면 감정 비즈니스에 몸담고 있는 것이니 앞으로 커뮤니티 전략을 쓰게 될 수 있다.

아직도 납득이 안 되는가? 그렇다면 3장에서는 커뮤니티의 문을 더욱 더 활짝 열고 그것이 기업에 가져다줄 수 있는 놀라운 가치를 살펴보도록 하자.

소셜 미디어 위크 리마, 컨퍼런스도 커뮤니티다

요약: 열정적인 컨퍼런스 커뮤니티를 통해 자신이 사는 소도시를 유명하게 만든 비즈니스 리더.

몇 년 전, 컨퍼런스에 참석하는 이유에 대해 설문조사를 한 적이 있다. 응답자들이 중요하게 생각하는 것은 다음과 같았다.

- 흥미로운 도시 방문
- 새로운 도시에서 식당과 관광지 방문
- 업계의 동료들과 인맥 형성
- 가족과 함께 휴가
- 새로운 것을 학습

여느 컨퍼런스 조직자라면 연사와 후원사들로부터 중요하고 새로운 정보를 받아들여 흡수하는 것이 우선순위라고 생각하겠지만, 실제 참석자들은 라스베이거스나 런던 같은 흥미로운 곳으로 여행을 가서 며칠 동안 업계 동료들과 즐거운 시간을 보내는 것 자체를 가치 있다고 여기고 있는 것이다.

이런 행사의 사업 모델은 이메일 명단을 통해 구축한 청중을 주로 활용한다. 컨퍼런스는 커뮤니티가 아니다. 사람들은 연례 컨퍼런스(그리고 동시에 휴가)가 끝나고 집에 돌아가면 이듬해에 홍보를 접할 때까지 그것에 대해 다시 생각하지 않는다.

이것이 바로 소셜 미디어 위크 리마^{Social Media Week Lima}가 너무나도 특별한 이유다. 소셜 미디어 커뮤니티 속에서 오하이오주의 리마는 업계에서 사람들이 가장 가고 싶어 하는 곳 중 하나다. 중서부의 이 작은 도시는 미국에서 가장 소득 수준이 낮은 곳에 속하고 범죄율은 놀랄 만큼 높다. 카지노도 없고, 브로드웨이 쇼도 없으며, 오션뷰 호텔도, 놀이동산도 없다. 인기 있는 연례 컨퍼런스와는 가장 거리가 먼 곳이다.

하지만 리마에는 제시카 필립스^{Jessika Phillips}가 있다. 의지 하나로 자신의 고향을 소셜 미디어 마케팅의 중심으로 만든 사람 말이다.

소셜 미디어 위크 리마는 무엇이 특별할까?

"저는 마케팅에 대해 아주 다른 시각을 갖고 있었어요. 광고와 메시지를 융단폭격하듯 쏟아내는 것이 아니라 진짜 인간관계를 중심으로 사업을 운영해야 한다고 생각했죠. 대부분의 사람들은 내가 미쳤거나 너무 순진하다고 생각했어요. 이 업계에서 전 정말 외로웠죠. 그러던 중 샌디에이고에서 열린 소셜 미디어 마케팅 월드에 참석했다가 저와 비슷한 생각을 가진 사람들을 만났어요. 그들은 비즈니스에 대한 제 시각을 이해해 주었고, 저는 그들과 계속 소통하며 그런 생각을 우리 지역에도 적용하고 싶었죠.

제가 사는 곳에도 이런 것이 필요하다고 생각했어요. 리마는 소도시지만 최고의 크리에이터와 뛰어난 기업가들이 있고 소기업들도 활성화되어 있어요. 저는 소셜 미디어 마케팅 월드의 핵심을 우리 도시로 가져오고 싶었어요. 그래서 소셜 미디어 위크^{Social Media Week} 컨퍼런스를 시작했죠."

현재 제시카가 개최하는 이벤트에 미국 전역에서 수백 명의 사람들이 참여하고 있는데 그녀는 지역 고객 기반의 기존 인간관계를 통해 시작의 불씨를 찾았다. 이미 그녀가 제공하던 무료 교육 프로그램을 통해 그녀의 아이디어에 관심을 갖고 있던 사람들이 있었기에 이런 사람들을 이벤트에 한데 모으는 것은 비즈니스를 확장하는 데 있어 자연스러운 수순이었다. 처음으로 개최한 행사에서는 하나 된 커뮤니티 이벤트라는 점을 보여 주기 위해 경쟁 컨퍼런스의 조직자를 초청 연사로 모시기도 했다.

리마 이벤트의 동지애는 전염성이 컸고 사람들은 매년 다시 오겠다고 다짐을 하기에 이르렀다. 입소문이 퍼지면서 제시카는 다른 주에서도 연사와 참석자를 유치할 수 있었다.

"저는 우리 이벤트를 마케팅 커뮤니티의 대가족 모임으로 여기고 있어요. 여느 가족처럼 언제든지 연락하고 지낼 수 있죠. 사촌들 중에서도 더 친한 사촌이 있고, 그런 사람은 서로 연락을 더 자주 하잖아요. 도움이 필요할 때 서로 도움의 손길을 내밀기도 하고요. 우리 이벤트에 참석하는 사람은 우리가 서로를 아끼고 있다는 점을 알아봐요. 우리는 정말 서로를 아끼고 관심을 갖거든요. 이러한 상호작용 중 많은 부분이 정말 가족처럼 개인적인 의사소통을 통해 일어나고 있지만 동시에 페이스북 그룹에도 수시로 게시물을 올려요. 가족 뉴스레터처럼요. 연례 컨퍼런스는 모든 사람을 한데 모아 주는 공통의 경험이랍니다."

나도 제시카의 이벤트에 참석해 보았는데 정말로 대가족 모임 같았다. 사람들로 북적이는 호텔 로비에서 티셔츠와 반바지 차림의 사람들이 카드게임과 보드게임을 하고 있었다. 다른 '가족 구성원'이 호텔에 도착하면 모두 게임을 멈추고 그 사람에게 다가가 포옹과 악수를 나눈다. 어떤 사람들은 자기 트럭에서 맥주가 가득 든 아이스박스를 꺼내 오기도 하고, 또 어떤 사람들은 이벤트 도중 다 같이 볼링을 치러 나가기도 한다. 이 커뮤니티의 구성원들은 그들만의 언어와 전통을 가지고 있었다.

연단에 올라 발언을 하든 삶의 비극을 이겨내도록 돕든 이들은 서로를 응원하고 힘을 북돋는 커뮤니티다. 그리고 리마에 있든 아니든 거의 매일 어떤 식으로든 공동 창조하고, 협력하고, 서로를 응원하고 있다.

"오하이오주 리마에 갈 대단한 이유는 없어요. 그런데도 텍사스에서 18시간씩 운전해 매년 그곳에 가죠. 소셜 미디어 위크는 다들 갑갑한 정장 차림으로 참석하는 재미없는 다른 컨퍼런스와 비교할 때 너무나도 친근하고 신선해요. 제시카는 모두가 정말 특별한 사람인 것처럼 느끼게 해 주는 타고난 능력이 있어요. 모두에게 힘을 부여하고 각자의 재능을 칭찬하죠." 컨퍼런스 참석자인 채드 일라피터슨 Chad Illa-Petersen 의 말이다.

채드는 참석 세 번째 해에 연사로 뽑혔다. 그 이듬해인 네 번째 참석 때는 사회자로 승진했다.

"사실 생각해보면 슬픈 일인데 제시카는 제 자신보다 절 더 믿는 것 같아요. 우리를 있는 그대로 받아들이면서 동시에 최대의 능력을 발휘하도록 격려합니다. 경험해 보면 정말 기분 좋은 일이에요. 그래서 매년 그렇게 장시간 운전하면서까지 거기에 가는 것 같아요. 제시카가 여는 행사는 마치 2박 3일간 계속 따뜻한 포옹을 받는 것 같거든요."

제시카는 매년 행사 때 채드 같은 참석자들을 리더의 역할로 '승진'시킨다. 어떤 사람들에게는 그런 큰 무대에 서는 것이 처음 있는 일이기도 하다.

"저는 연사를 선정할 때 그 사람의 명성이라든가, 팔로워가 얼마나 많은지를 고려하지 않아요. 큰 인기가 보장된 연사라고 무턱대고 초청하지도 않죠. 저는 우리를 사랑하고 지지해 주는 팬들에게 힘이 되고 싶어요. 그래서 그런 기회를 갈망하는 사람들을 찾아 연사로 세워요. 그런 사람은 저를 믿어 주고, 다시 저도 그 사람들을 믿죠. 처음 연사가 되어 제 무대에 오른 사람들이 이제는 전국에서 인기 연사로 초청받고 있어요. 그 사람들은 이제 평생 제 사람이죠."

가족 모임으로 어떻게 수익을 올릴까?

"이 커뮤니티나 행사에서 직접적인 수익을 얻은 적은 한 번도 없어요. 하지만 분명 사업적 이득은 있죠. 제 고객들의 이탈률은 극도로 낮고, 그건 대부분 커뮤니티 덕분이에요. 고객들은 우리 행사에 참여하고 나면 큰 활력을 얻어요. 그럼 그때부터 저와 함께하는 거죠. 낮은 이탈률만 중요한 게 아니에요. 중요한 건 그 사람들을 끌어당기는 것, 그들이 나와 우리 회사에 얼마나 애착을 느끼는가예요. 그들이 이 행사와 이 커뮤니티에 관해 저를 얼마나 믿느냐가 큰 역할을 한다고 생각해요.

또 다른 가치는 제 팀원들이 얻는 혜택이에요. 저희 직원들은 모두 원격 근무를 하는데 행사에 다 같이 모여 친구와 고객 만나기를 1년 내내 고대하고 있죠. 지금은 우리 소셜 미디어 커뮤니티에 이 지역 학교들도 참여시켜 학생들이 조금 맛볼 수 있게 하고 있어요. 다음 세대의 유대를 구축하고 있는 거죠. 이들이 미래의 직원도 되어 줄 것이기 때문에 채용 비용도 전혀 들지 않아요.

행사 도중에 우리가 창출하는 콘텐츠는 연중 내내 우리 소셜 미디어를 유지하는 힘이 되어 줘요. 우리가 일군 인맥 중 상당수가 채드처럼 협력자가 되어 주고 새로운 고객으로 이어져요. 우리 행사에 참석했다가 지금은 아이디어를 공동 창조하면서 함께 사업을 일구고 있는 사람들도 있어요. 저도 함께하고 있고요. 그런 행사가 없었다면 처음부터 가능하지 않았을 일이죠.

또한 이 커뮤니티에는 '누군가 나를 든든히 받쳐 준다'는 믿음에서 나오는 눈에 보이지 않는 이득도 있어요. 커뮤니티의 유대와 연결을 통해 어떤 사업적 문제나 필요도 극복할 수 있죠. 인간관계는 사업에 꼭 필요한 요소인데 그건 돈으로 살 수 없어요. 커뮤니티는 어디에서도 살 수 없지만 사업이 운영될 수 있도록 만들어 주는 자산 투자와같아요. 사업의 모든 분야에서 수익성을 지켜 줄 풍부한 자원이 되어 주죠.

우리 커뮤니티에는 가식적이지 않고 순수한 진정성의 순간들이 있어요. 그 순간들이 바로 유대와 공감을 만들어 내죠. 그게 바로 사람들이 자기가 좋아하는 기업 브랜드로부터 원하는 거예요. 대기업들이 수백만 달러를 들여 얻고자 하는 게 바로 그런 궁극의 경험 아닐까요?"

3장
당신의 브랜드에
왜 커뮤니티가 필요한가?

최근에 내가 태어난 피츠버그에 다녀온 적이 있는데 펜실베이니아주에서 가장 유명하다는 치즈 가게에 들렀다. 어쩌면 그곳이 미국에서 가장 유명한 곳인지도 모른다. 아니, 세계에서 가장 유명하다고 한들 어떠랴.

1902년 시칠리아에서 온 세 명의 형제 아우구스티노, 살바토레, 미카엘 선세리가 시작한 작은 수제 파스타 회사는 펜실베이니아 마카로니 컴퍼니Pennsylvania Macaroni Company가 되었고, 이 젊은 이민자 가족은 열심히 일하며 대공황과 두 번의 세계대전, 그리고 사업을 거의 포기하게 만들었던 대화재도 이겨냈다.

현재 이 가게는 피츠버그의 유서 깊은 상업 지구에서 여전히 성업하며 매주 무려 약 20만 파운드(91톤)의 치즈를 판매하고 있다.

이 멋진 가게는 우리 셰퍼 가족의 역사에서도 특별한 위치를 차지한다. 할아버지는 수십 년간 이 가게를 즐겨 찾으셨다. 배관공으로 일하시던 할아버지가 앨러게니강을 건널 일이 생기면 '그 이탈리아 사람 가게'라 부르던 그곳에서 특별한 소시지나 치즈를 사 오시곤 했다. 우리 가족은 그리 잘살지 못했기에 그건 특별한 일이었다.

낯익은 빨간 문과 오래되어 반들반들한 마룻바닥을 지나 가게에 들어서자 푸근한 기분이 들었다. 나는 40년이나 이곳을 떠나 있었다. 아직도 선세리 집안 사람이 운영하는 이 가게는, 크기는 두 배로 넓어졌지만 영혼과 심장은 여전히 우리가 아는 그 치즈 가게였다. 족히 10미터는 되어 보이는 유리 진열장에는 400가지나 되는 치즈 외에도 갖가지 수입 소시지와 훈제 고기가 채워져 있었다.

나는 벽에 기대어 서서 이 전설적인 가게가 돌아가는 모습을 지켜보았다. 들어오는 고객마다 '디어 하트^{Dear Heart}'라고 불러 그렇게 별명이 붙은 한 직원이 머리에 알록달록한 스카프를 두른 나이 지긋한 여자 손님에게 인사를 건네는 것이 보였다.

"안녕하세요, 설리번 아주머니? 아저씨는 건강이 좀 어떠세요?"

"별로 안 좋아요. 또 넘어져서 갈비뼈가 부러졌거든. 통증이 아주 심해서 힘들어해요."

"디어 하트, 어쩌면 좋아요. 제가 이것 좀 싸 드릴 테니 갖다 드리세요. 설리번 씨가 제일 좋아하는 치즈가 방금 들어왔거든요. 얼른 나으시라고 전해 주세요."

설리번 여사는 그렇게 디어 하트와 조금 더 이야기를 나눴고, 아픈 남편에게 가져다줄 폰티나 치즈를 받은 다음에도 가게를 나가지 않았다. 느긋한 걸음으로 한쪽 모퉁이로 걸어간 그녀는 아는 사람을 만났고, 곧 거기에서 네 명의 이웃 사람들이 설리번 씨의 다친 갈비뼈 이야기를 시작했다. 그러더니 곧 무언가 재미있는 이야기를 들었는지 다들 웃음을 터뜨렸다. 자세한 이야기는 들을 수 없었지만 고등학교 무도회에서 진흙탕에 빠졌다는 어느 집 조카 이야기인 것 같았다. 그것도 흰색 턱시도를 입고 말이다.

이 대단할 것 없는 장면을 보고 있노라니 갑자기 마음 깊은 곳에서 진한 열망이 생겨났다. **나도 이 커뮤니티에 속하고 싶다.** 누군가가 나도 '디어 하트'라고 불러 줬으면, 내가 울적할 때면 특별한 치즈를 조금 싸 주었으면 했다. 가게에 뭘 사러 갔다가 친구를 만나 함께 웃고 싶었다.

이렇게 장을 보다가 이웃을 만나는 일상을 영위하던 세대의 바로 다음 세대인데도 불구하고 나는 이런 경험을 해 본 적이 없다. 나는 쇼핑을 정말 싫어한다. 쇼핑몰을 정처 없이 헤매고 다니다 보면 왠지 모를 불안감이 몰려온다.

하지만 펜실베이니아 치즈 가게를 찾는 일은 단순한 쇼핑이 아니다. 그곳에서는 수다를 떨고, 맛있는 치즈와 소시지를 냄새 맡고, 맛보고, 한바탕 웃고, 심지어 디어 하트와 포옹을 나눌 수도 있다. 즉 소속감을 느낄 수 있는 곳이다. 이것이 인류 역사를 통틀어 대부분의 시간 동안 세상이 돌아가는 방식이었다. 마을의 가게 주인들은 어떤 손님이 어떤 고기나 치즈, 꽃을 가장 좋아하는지 알았다. 그 사람의 생일과 아이들 이름까지도.

이것이 내가 '커뮤니티'가 최후이자 최고의 마케팅 전략이라고 과감히 주장하는 이유다.

커뮤니티는 최초의 마케팅 전략이었다. 그리고 사람들이 진정으로 원하는 유일한 마케팅 전략이다. 머리로나 심리적으로나 감정적으로나 고객은 이것을 필요로 한다. 그리고 고객 데이터 접근 권한이 웹 기반 쿠키에서 고객이 소유한 개인 '지갑'으로 완전히 이동하고 있는 웹3.0 환경의 현재 상황에서는 커뮤니티 창출이 우리에게 남은 최후의 효과적인 전략일지도 모른다(이에 대해서는 11장에서 더 자세히 다룰 것이다).

기업에겐 더 이상 선택권이 없다

커뮤니티 기반 마케팅 전략을 채택해야 할 가장 설득력 있는 이유는 '더 이상 다른 선택권이 없기 때문'이다. 지금까지 검증된 많은 마케팅 전략은 점점 그 힘을 잃어 가고 있다.

"잠재 고객에게 다가가기가 점점 더 힘들어지고, 마케팅 비용은 높아지고, 채널의 수는 기하급수적으로 늘어났으며, 이런 채널을 감당할 비용도 너무 많이 듭니다. 마케터들에게 이는 계속 압력이 높아지고 있는 압력밥솥과 같죠. 일 년에 서너 번 광고를 제작해서 몇 군데 네트워크와 지면에서 운영하는 것으로는 이제 턱없이 부족합니다."[1] '포레스터 리서치Forrester Research'의 CEO 제이 패티솔Jay Pattisall

의 말이다.

오랫동안 물건을 팔기 위한 가장 효율적인 방법은 단순했다. 광고를 하는 것. 광고는 언제나 먹혔다. 저렴한 가격에 광고를 제작해 큰 돈을 벌 수 있었다. 광고는 당신이나 당신의 브랜드를 조금 유명하게 만들어 주었다. 내가 태어난 후부터 지금까지 마케팅은 곧 광고였다. 그런데 이제 더 이상은 아니다.

광고 회사의 임원인 테드 매코널**Ted McConnell**은 한 놀라운 실험[2]을 통해 무의미한 클릭 행위와 비교해 배너 광고의 실제 참여도가 얼마나 높은지 확인한 바 있다. 그렇게 하기 위해 그는 아무런 메시지가 담겨 있지 않은 특이한 광고를 제작했다. 말 그대로 배너는 텅 비어 있었다. 결과는 어땠을까?

- 빈 광고의 클릭률은 0.08퍼센트였고, 페이스북 광고의 평균 클릭률은 0.05퍼센트다. **빈 광고가 브랜드 광고보다 60퍼센트나 성과가 높았다.**
- 빈 광고의 클릭률은 '브랜딩' 디스플레이 광고(특별한 할인 소식 등이 없는 광고)의 **평균 클릭률의 두 배나 되었다.**
- 클릭의 약 0.04퍼센트는 실수였다. 디스플레이 광고의 평균 클릭률이 0.09퍼센트이므로 이는 **배너 광고 클릭의 44퍼센트가 실수**라는 뜻이다.

페이스북에서 수집 중인 엄청난 양의 데이터와 디스플레이 광고 결과를 분석 중인 수많은 천재들, 그리고 온라인 광고의 마법 같은 효과에 대해 강의 중인 디지털 전문가들의 노력이 무색하게도 이 실험은 빈 광고가 브랜드 메시지보다도 효과가 좋다는 사실을 여실히 보여 준다.

소비자들은 하루가 다르게 광고로부터 멀어지며 매일 수백만 명씩 스트리밍 구독 서비스에 가입하고 있다. 전 세계 8억 명이 넘는 소비자들이 각종 스마트 기기에 광고 차단기를 설치하며 인류 역사상 가장 큰 반란을 일으키고 있다.

제이 패티솔에 따르면 광고 업계는 '변화를 향한 존재론적 필요성'에 직면했다. 광고 회사들은 '이제 쓸모없는 낡은 모델을 해체하지 않으면 소비자들에게 더욱 철저히 외면당할 위험'에 처했다.

벼랑 끝에 매달린 또 다른 전략은 일반적인 용어를 이용한 검색에서 높은 순위를 차지하게 만들자는 전략인 검색 엔진 최적화다. 하지만 업계에서도 가장 몸집이 크고, 실력 좋고, 돈 많은 곳만이 검색 결과 중 상위 1~3위를 차지하며 큰 수익을 올릴 수 있다. 나머지는 모두 컨설턴트와 별 볼일 없는 링크 기법에 돈을 쓰며 그나마 조금 높은 자리에 이름을 올릴 뿐이다. 단순 계산을 해 봐도 이런 시대착오적인 방법은 의미가 없다.

이제는 급진적이고 새로운 접근법을 쓸 때이고 커뮤니티라는 요소를 고려해야만 한다.

"우리에게는 나 자신보다 큰 무언가에 속하고 싶어 하는 욕구가 있습니다. 원시인일 때부터 단순히 따뜻하고 편안하기 위해 모닥불 주변에 둘러앉은 건 아닐 겁니다. 우리 모두는 소속감을 원했어요"[3] 여행자들을 열정적인 홈셰어링의 팬으로 바꾸어 놓은 에어비앤비 Airbnb 전 최고마케팅책임자 조너선 밀든홀 Janathan Mildenhall 의 말이다.

브랜드 커뮤니티의 경제적 효과

앞서 '그 이탈리안 치즈 가게'의 커뮤니티를 설명할 때 당신도 나와 같은 갈망을 느꼈는가? 당신이 사는 지역에 그런 곳이 있다면 유튜브 광고로 당신을 귀찮게 하거나 폰티나 치즈가 구글 검색에서 상위에 노출되도록 검색 엔진 최적화 전문가를 고용했겠는가? 절대 아니다. 현실에서든 온라인에서든 고객이 어떤 브랜드에 소속감을 느낀다면 이미 마케팅은 필요가 없다. 적어도 전통적인 의미의 마케팅은 그렇다.

좋은 소식은 커뮤니티를 구축하기 위해 400가지나 되는 치즈는 필요없다는 것이다. 이것은 이미 《포천》 선정 500대 기업에서 일어나고 있는 일이다. 비영리 조직에서도, 대학교에서도, 교회와 학교에서도 일어나고 있다. 당신이 사는 동네의 치즈 가게에서도 벌어지고 있는 일이다.

때로는 딱 맞는 타이밍 하나만으로도 아이디어가 실현되는 경우가 있는데, 브랜드 커뮤니티에 있어 그 타이밍은 바로 지금이다. 점점 더 빠르게 돌아가지만 그 어느 곳에도 이르지 못하는 소셜 미디어 회

커뮤니티 마케팅

전목마에서 이제는 내려올 시간이다. 부산하지만 쓸모없는 온갖 활동과 소비자를 방해하는 행동을 이제는 멈출 시간이다. 스팸 메일 폭격과 '리드 너처링^{lead nurturing}'이라는 잠재 고객 형성도 이제는 중단할 때다. 사실 이것은 '당신이 날 차단할 때까지 계속해서 괴롭히겠습니다'라는 말을 순화해 표현한 것에 불과하지 않은가.

우리 스스로 자랑스러워할 수 있는 무언가를 만들어 보자. 우리 고객들이 **실제로 좋아하게 될 것** 말이다.

브랜드 커뮤니티라는 개념은 사실 새로운 게 아니다. 최초의 웹 기반 커뮤니티가 만들어진 것은 전 지구 전자 링크^{Whole Earth Lectronic Link}, 즉 웰^{WELL}이 처음 등장한 1985년이었다. 웰의 소개 페이지에 따르면 이것은 온라인 커뮤니티 움직임이 처음 탄생한 태초의 원시림이라고 알려져 있다.[4]

얼마 지나지 않아 이 사이트에서 다방면에 걸친 다양한 대화들이 오갔고 곧 해럴드 라인골드^{Harold Rheingold}가 **버추얼 커뮤니티**^{virtual community}라는 용어를 만들었다.

1990년대에 접어들어 인터넷의 인기가 커지면서 P&G, 포드, IBM, 쉘 오일 같은 거의 대부분의 주요 브랜드들이 온라인 커뮤니티를 실험하기 시작했다. 하지만 이런 초기의 시도들은 다음의 세 가지 이유로 실패하고 말았다.

- **대역폭 제약** 당시에는 인터넷 속도가 너무나도 느려서 동영상 공유나 음악 스트리밍처럼 오늘날 우리가 당연하게 여기는 것들이 불가능했

다. 초기의 인터넷 사이트는 오늘날 우리가 접하는 것에 비해 말도 안 되게 재미없었다.

- **비싼 비용** 당시 브랜드들은 어마어마한 비용을 들여 각자의 사이트를 만들어야 했다. 코카콜라의 예를 들자면 이런 브랜드별 사이트에 들어가려면 저니[Journey]라 불리는 커뮤니티 사이트에 개별적으로 로그인해야만 했다. 그런데 기업의 사이트는 고객들이 수고스럽게 이런 독자적인 사이트에 가입하고 로그인해 들어갈 정도의 재미와 관심을 창출할 수 없었다. 현재 수많은 무료 커뮤니티를 호스팅하는 페이스북, 링크드인[LinkedIn], 슬랙[Slack] 같은 세련되고 복잡한 플랫폼은 당시엔 존재하지 않았다.

- **소비자 중심이 아닌 기업 중심** 초기의 브랜드 커뮤니티들은 사람들이 원하는 경험을 제공하는 것이 아니라 제품을 홍보하고 판매하도록 고안되었다. 고객 커뮤니티가 아니라 판매 채널이었던 것이다. 그 후의 커뮤니티는 문제를 해결하고 고객 서비스를 제공하는 데 초점을 맞추도록 바뀌었다.

오늘날 전체 브랜드 커뮤니티의 70퍼센트 이상이 여전히 고객 서비스를 주요 목표로 삼고 있다.[5] 리서치 업체 애버딘[Aberdeen]은 온라인 커뮤니티 플랫폼을 이용 중인 기업의 고객 지원 비용이 33퍼센트 줄었음을 파악했다.[6]

고객 지원 서비스로서의 커뮤니티도 바람직하고 좋은 목표이긴 하지만 이는 브랜드 커뮤니티가 지닌 온전한 마케팅 잠재력을 무시하고 있는 셈이다.

이 숨은 잠재력을 보여 주는 또 다른 지표가 있다. 커뮤니티 설문조사에 응답한 사람의 47퍼센트가 기술 업계 출신이라는 점이다.[7] 마케팅 혁신을 일으킬 수 있는 드넓은 공간이 아직 많이 남은 셈이다.

물론 커뮤니티에 어떻게 투자하면 좋을지를 둘러싸고 여전히 불확실성이 큰 것이 사실이다. 여러 업계에 깊숙이 뿌리 내리고 있는 마케팅·광고 전문가들은 기존 상태를 유지하기 위해 버티고 있기도 하다(그것이 효과가 없는데도 말이다).

그럼에도 커뮤니티를 구축 중인 대담하고 용감한 마케터들이 얻는 혜택은 상당하다. 기업이 브랜드 커뮤니티의 경제적 효과를 더 이상 무시할 수 없는 열 가지 이유를 하나하나 살펴보도록 하자.

1. 브랜드를 차별화한다

전문가들 사이에서 가장 자주 회자되고 있는 마케팅 테마를 한 가지 꼽으라면 바로 '경쟁사와의 차이'다.

의미 있고 크게 다른 방식으로 차별화하지 못한다면 대체 어떻게 다른 회사들과 경쟁할 수 있단 말인가? 물론 가격을 내릴 수는 있다. 그리고 그렇게 할 수 있다면 그건 당신의 브랜드가 생활필수품 제조업체라는 뜻이다. 무슨 이야기를 들려줄지 모른다면 어떤 마케팅 메시지를 내놓을 수 있단 말인가?

차별화는 중요하다. 그리고 아마 당신도 알고 있을 것이다. 하지만 나는 지금 당신의 생각을 조금 더 확장시키고 싶다. 차별화하려면 주어진 선택지는 단 두 개뿐이다.

첫 번째 선택지는 그 누구도 무너뜨릴 수 없는 제품이나 장소, 공정을 소유하는 것이다. 그 예로 독보적인 위치, 특허받은 기술, 애플처럼 누구도 복제할 수 없는 우월하고 초월적인 브랜드 이미지 같은 것이 있다. 비즈니스 세계에서 이런 특별함은 상대적으로 희귀하다.

두 번째 선택지는 고객과 소통하고 고객을 돌볼 수 있는 독특한 방식을 마련해 누구나 접근할 수 있게 하는 것이다. 사실 제품이나 가격, 행사 등은 모방하기가 매우 쉽다. 그러나 커뮤니티의 유대감은 차별화된 고객 경험을 만들어 줄 수 있는 명확하고도 멋진 기회다.

커뮤니티는 사용하던 제품을 바꿀 때 들어가는 비용에 '감정적 두께'를 더해 준다. 사용하던 제품을 떠난다는 건 그 브랜드의 커뮤니티를 함께하던 사람들과의 관계를 떠나는 것이고, 커뮤니티 속에서 얻었던 사회적 자본을 희생하는 셈이 되기 때문이다.

2. 고객과의 관련성을 유지한다

사업의 성공이란 브랜드가 고객의 일상과 관련성을 유지하는 일이며, 영원히 끝나지 않는 어려운 여정이다. 고객의 문화가 변화하는 속도와 그들이 쓰는 언어, 그리고 우리의 마케팅을 좌지우지할 고객의 취향 변화에 어떻게 보조를 맞출 수 있을까?

커뮤니티는 새로운 관련성을 찾을 기회를 보여 주는 지속적인 대화와 같다. 그리고 마케팅은 커뮤니티와 기업 사이에서 접착제와 같은 역할을 한다. 고객의 필요에 맞는 답변을 효과적으로 찾고 그것을 바탕으로 시장 기회를 늘리는 것이다.

고객과 관련성이 높은 새로운 아이디어의 기반은 바로 소비자에 대한 통찰이다. 그런 통찰을 간과하면 실패하고, 포착하면 성공한다. 각 분야별로 다음과 같은 기업들을 비교해 보면 쉽게 알 수 있다.[8]

- **스마트폰** 애플 VS. 블랙베리
- **노트북 컴퓨터** 델 VS. 스미스 코로나
- **스트리밍 서비스** 넷플릭스 VS. 블록버스터
- **사전** 위키피디아 VS. 엔카르타
- **전기 자동차** 테슬라 VS. 지엠
- **디지털 카메라** 캐논 VS. 코닥

온라인 그룹은 제품이나 서비스에 대한 의견을 수집하고 모니터링하기 가장 쉬운 방법이다. 전 세계 조직 중 약 60퍼센트가 이미 시장 조사에서 온라인 커뮤니티를 이용하고 있다.[9]

열정적인 커뮤니티에서 얻은 아이디어 하나가 브랜드가 소비자와 관련성을 유지하느냐 빠르게 뒤처지느냐를 판가름할 수 있다.

3. 빠른 정보 수집 및 전달이 가능하다

비즈니스 혁신이란 단순히 새로운 고객 필요를 충족시키는 것을 말하는 게 아니다. 중요한 건 경쟁사보다 빠르게 하는 것이다. 온라인 커뮤니티는 즉각적인 실시간 데이터 수집과 정보 전파를 위한 플랫폼을 만들어 준다.

활발한 활동이 이루어지는 페이스북 커뮤니티를 갖춘 동네 빵집이 있다고 치자. 가을을 맞아 호박이나 사과 도넛 둘 중 하나를 출시하면 어떨지 새로운 제품 아이디어를 테스트해 보고 싶다. 이때 재빨리 설문조사를 실시하면 단 몇 시간 만에 답을 얻을 수 있다(그 답은 아마 사과 도넛이 될 것이다. 적어도 난 그러길 바란다).

그런데 갑자기 폭우가 내려 점포 방문객이 기대한 것의 25퍼센트밖에 미치지 못한다. 이제 팔리지 않은 사과 도넛 재고를 잔뜩 떠안게 되었다. 이때 두 시간 동안 특별 할인 행사를 한다고 커뮤니티를 통해 알릴 수도 있다. 혹시 사람들을 직접 만날 수 있다면 무료로 도넛을 나누어 주는 것도 좋을 것이다.

단순한 예시이지만 이 개념은 규모를 막론하고 어떤 기업에도 적용이 가능하다. 실제로도 조사에 따르면 정보 전달의 속도는 브랜드 커뮤니티에서 단연코 가장 강력한 경쟁력으로 작용함을 알 수 있다.[10]

4. 브랜드의 신뢰감을 심어 준다

브랜드 커뮤니티는 정보를 빠르게 퍼뜨릴 수 있을 뿐만 아니라 무엇보다도 그렇게 퍼진 정보는 많은 사람들이 믿는다. 소비자의 절반만이 기업에서 직접 나오는 이야기를 믿는 반면, 커뮤니티를 통해 전파된 정보는 86퍼센트가 신뢰한다고 한다.[11]

잘못된 정보와 딥페이크가 기업에 존재 자체를 뒤흔들 위기를 가져다줄 수 있는 요즘 같은 시기에 이것은 대단히 중요한 혜택이다. 사람들이 진실을 찾아 모일 수 있는 곳을 마련해 주도록 하자.

5. 브랜드 충성도를 높여 준다

나는 출장이 잦은 사람들을 위한 페이스북 그룹에 가입되어 있다. 그곳에서 우리는 고된 출장을 조금이나마 쉽게 만들어 주는 요령과 경험을 공유한다.

몇 년 전 페이스북 친구 한 명이 새로 산 수트케이스 사진 한 장을 올렸다. "이제껏 써 본 것 중 최고의 수트케이스예요. 평생 보증에다가 제품 품질도 업계 최고 수준입니다."

2년 뒤 수트케이스가 필요했을 때 나는 그에게 그 제품의 브랜드명을 묻는 쪽지를 보냈고 바로 그 제품을 구입했다. 광고도, 브랜드메시지도, 할인 코드도 찾아보지 않았다. 이 커뮤니티에 속한 내 페이스북 친구를 믿었기에 가능한 일이었다. 지금은 그 브랜드 이름조차 기억하지 못한다.

이렇듯 **고객이 곧 마케터다.** 친구나 가족의 추천이나 공유 콘텐츠는 브랜드의 정체성을 만들고, 충성도를 보여 주며, 매출을 높여 준다.

매킨지 컨설팅의 한 벤치마크 연구에 따르면 효과적인 커뮤니티를 갖춘 브랜드는 이와 같은 제품 충성도를 크게 높일 수 있다.[12] 매킨지는 잘 확립된 커뮤니티 사이에서 다음과 같은 특징을 찾았다.

- 브랜드에 대한 콘텐츠의 75퍼센트 이상이 사용자가 생성한 것이다.
- 인플루언서 참여율, 즉 좋아요를 누르거나 댓글을 남기고 콘텐츠를 공유하는 사람들의 비율이 2퍼센트가 넘는다(이것은 유명 인플루언서 평균보다 높은 것이다).
- 온라인 트래픽의 4퍼센트 이상이 매출로 전환된다. 이것은 마케팅 캠페인에서 볼 수 있는 최고 수치에 해당한다.

여러 연구에 따르면 커뮤니티에서 발생한 제품에 대한 지지는 마케팅 비용을 크게 낮출 수 있다. 한마디로 유기적인 고객 지지보다 브랜드 인식을 창출하고, 시장 점유율을 높이고, 매출을 가져오는 더 나은 길은 없다.

6. 브랜드와의 유대감을 형성한다

커뮤니티 구성원 간의 돈독한 유대는 브랜드와 오래 지속되는 감정적 연결을 만들기도 한다.[13] 학계에서는 이것을 **브랜드 관계 패러다임**brand relational paradigm이라고 부른다.

브랜드 커뮤니티에 속한 고객은 단순히 제품 소식과 할인 행사 같은 기능적 혜택만 얻어 가지 않는다. 그들은 동시에 장기적 충성심으로 이어지는 감정적·사회적 혜택을 창조한다. 그들은 당신의 브랜드에 소속감과 유대감을 느낀다.

소비자가 커뮤니티를 통해 브랜드와 활발히 소통할 때 이는 학자들이 '애착'이라고 부르는 충성심 이상의 무언가를 만들어 낸다.[14] 일부 전문가들은 커뮤니티의 이와 같은 깊은 유대감이 기업이 경제적 어려움을 이겨내는 데도 도움을 준다고 믿는다.

- 브랜드 커뮤니티 구성원의 3분의 2가 그 브랜드에 충성심이 있다고 말한다.[15]
- 고객의 27퍼센트가 브랜드 커뮤니티에 속한 것이 구매 결정에 영향을 미친다고 답한다.[16]
- 기업의 66퍼센트가 커뮤니티가 고객 유지에 입증할 만한 영향을 미친다고 말한다.[17]

커뮤니티 구성원에게 남들과 다른 접근 권한과 보상을 제공하는 것은 깊은 유대감을 심어 줄 수 있는 좋은 길이다.

7. 공동 창조로 제품 개발에 도움을 준다

많은 혁신적 브랜드들이 제품 개발 주체로서 한발 물러나고 대신 고객을 참여시키고 있다. 지휘와 통제가 사라지고 그 자리를 협업과 고객 집단이 차지하는 추세다. 나이키와 미국프로농구[NBA] 같은 혁신적 브랜드들은 커뮤니티와 협력해 이전에 만든 적 없는 것들을 탄생시키며 그 지식재산과 수익의 일부를 크리에이터들에게 나누어 주고 있다.

이케아는 2018년부터 가장 효과적이라고 할 수 있는 제품 공동 개발 커뮤니티를 운영하고 있다. 수천 명의 초보 디자이너들이 기초 교육 과정에 참여하고, 회사 실험실에 접근하고, 새로운 제품 혁신에 협업한다. 가구나 제품 디자인 제안이 커뮤니티 투표를 통과하면 이케아는 그 아이디어를 고객으로부터 허가받아 사용하거나, 현금으로 보상하거나, 차후 고객의 또 다른 제품 개발에 자금을 지원한다.

또 다른 예는 뷰티 브랜드 글로시에Glossier에서 만든 슬랙이 있다. 이 공간은 글로시에의 최고 고객들만 모여 뷰티 관련 대화를 나누고, 대면 미팅을 조직하고, 신제품에 대해 토론할 수 있게 만든 곳으로서, 회사의 최고 베스트셀러 제품인 밀키 젤리 클렌저Milky Jelly Cleanser를 공동 창조한 공을 회사에서 정식 인정받기도 했다.[18]

레고 아이디어스LEGO Ideas 커뮤니티는 레고 팬이라면 누구나 새로운 제품 아이디어를 낼 수 있도록 돕는다. 이 커뮤니티에서 누군가 제시한 프로젝트가 1만 표를 받으면 레고는 이것을 제품 개발 라인업에 포함할 것을 고려한다. 이것은 고객에게 제품 아이디어를 장려하는 역할을 하며 커뮤니티 내에서 지위를 확립시킨다.

이렇듯 커뮤니티는 기업과 협력하고 크게 기여할 준비가 되어 있는 사람들의 움직임을 만들어 낼 수 있다.

8. 특별한 인맥 형성이 가능하다

사람들은 왜 컨트리클럽이나 전문 직업인 협회에 엄청난 회비를 내는 것일까? 백만장자들과 함께 야외에 앉아 술을 마실 수 있는 즐거움 때문일까? 물론 아니다. 인맥을 통해 시장 투자 요령이나 부동산 거래 소식을 들을 수 있다는 사업적 통찰 때문이다.

커뮤니티 마케팅

이런 특권층 전용 클럽에 소속되는 것은 대부분의 사람에게 어려운 일이다. 그렇다면 고급 온라인 커뮤니티에 접근해 이와 같은 인맥의 혜택을 얻을 수는 없을까?

이것은 점점 더 인기를 얻어가고 있는 CaaS, 즉 서비스로서의 커뮤니티Community as a Service라는 개념이다. CaaS는 특정 집단에 접근하는 것이 시장에서 판매 가능한 제품으로 간주될 만큼 가치가 있다는 개념이다.[19]

이것의 좋은 예가 바로 수십억 달러 규모 브랜드들의 소셜 미디어를 관리하는 전문가들만의 커뮤니티인 SocialMedia.org다. 유료로 가입하면 다른 대기업의 동료들이 내놓는 여러 아이디어와 해결책에 접근할 수 있다. 이 조직의 모기업은 다른 많은 산업 분야별 고급 커뮤니티를 운영하고 있기도 하다.

이 모델에서는 커뮤니티가 곧 사업이다.

9. 문화와 커뮤니티를 연결한다

젊은 세대는 일반 대중을 대상으로 한 소셜 플랫폼을 떠나 상대적으로 규모가 작고 더 친밀한 온라인 사이트로 향하고 있다. 디지털 마케팅 전문가 새라 윌슨Sara Wilson은 이를 젊은 소비자들이 서로에게 메시지를 전하고, 관련성 높은 커뮤니티와 소통하고, 공통의 경험을 창조하는 '디지털 캠프파이어'라고 부른다.[20]

엄청난 문화적 순간들은 전통적 미디어나 영화, 페스티벌 등을 통해 만들어지지 않는다. 이런 폐쇄된 온라인 그룹 속에서 탄생한다.

- 가수 트래비스 스콧^{Travis Scott}이 온라인 게임 포트나이트^{Fortnite} 속에서 개최한 다섯 번의 콘서트에 2,700만 명 이상의 팬들이 참여했다.
- 게임 플랫폼 로블록스^{Roblox}에서 열린 이틀간의 랩 콘서트는 3,300만 회가 넘는 조회수를 기록했다.
- 스포티파이^{Spotify}는 커뮤니티를 이용해 신예 뮤지션과 검색 엔진에 영향을 미치는 문화적 동향을 발견한다.

코로나19 팬데믹은 현대 문화를 정의하는 강력한 원동력으로서 이러한 디지털 캠프파이어로의 움직임을 더욱 가속화했고 마케터라면 이를 무시할 수 없다. 이에 대해서는 12장에서 더 자세히 살펴보자.

10. 소비자 관리 및 데이터의 수집·활용이 가능하다

지난 25년 넘게 마케팅의 상당 부분은 소비자 데이터를 수집하고 활용할 수 있는 능력에 좌우되었다. 새로운 개인 정보 보호법이 생겨나고 이런 데이터 뱅크가 고갈됨에 따라 기존 데이터에 의존하고 있던 많은 사람들에게 위기가 찾아왔다.

그런데 최근에는 소비자들이 브랜드 커뮤니티라는 안전한 벽 안에서 자유롭게 자신의 개성과 가치관, 제품 선호도를 표현하며, 풍부하고 새로운 1차적 데이터 원천을 만들어 내고 있다. 이것은 사이트 쿠키로 정의되는 지금의 마케팅 시대 이후에 고객에 새롭게 접근할 수 있게 해 주는 해결책의 일부가 될 것이다.

추가: 직원 만족도와 유지율을 높여 준다

이 책에서는 살펴보지 않지만 커뮤니티의 또 다른 중요한 사업적 혜택이 있다. 바로 직원 만족과 유지율이다. 2장 마지막에 나온 사례 연구에서 제시카 필립스가 커뮤니티를 통해 직원 채용 비용을 아예 없앨 수 있었다는 이야기가 나온다. 브랜드 커뮤니티와 직원 커뮤니티 사이에는 겹치는 부분도 상당하지만 그만큼 차이점도 커서 이 책에서는 상세한 부분까지 들어갈 생각이 없다. 하지만 최소한의 언급은 하고 넘어가고 싶었다.

자기 정체성과 브랜드 지지의 상관관계

이 책을 시작할 때 스트레스가 큰 오늘날의 사람들은 어딘가에 소속되기를 간절히 원해서 커뮤니티가 요즘의 메가트렌드가 되었다고 설명한 바 있다. 그런데 기업에서 만든 커뮤니티도 우울하고 외로운 사람들에게 도움이 될 수 있을까?

그 답은 '그렇다'이다.

1986년에 발표된 유명한 논문 〈집단 간 행동의 사회 정체성 이론 The Social Identity Theory of Intergroup Behavior〉은 그 이후, 특히 마케팅 분야에서 엄청난 양의 후속 연구를 발생시켰다.[21] 이 이론에 따르면 사람의 정체성은 **개인적 정체성**과 **사회적 정체성**이라는 두 가지 요소로부터 만들어진다.

개인적 정체성은 능력과 기술, 신념처럼 자기 자신에 대해 스스로 알 수 있는 성격적 특성에서 나온다. 반면 사회적 정체성은 어떤 그룹에 소속됨으로써 생겨나며, 다른 사람들이 자신에 대해 어떻게 생각하는지, 자신에 대해 뭐라고 말하는지를 기반으로 만들어진다.

어떤 개인이 브랜드 커뮤니티에 속하게 되면 호혜적인 유대가 형성된다. 학자들은 커뮤니티 속에서 경험하고 표현하는 **브랜드를 향한 사랑은 개인의 자아존중감과 브랜드 지지 모두에 긍정적으로 기여한다**는 결론을 내렸다.[22]

브랜드 커뮤니티에서 얻을 수 있는 혜택과 기회는 이 밖에도 무수히 많다. 하지만 내가 직접 설명하기보다는 4장에서 내 친구 데이나 맬스태프Dana Malstaff가 직접 들려주는 것이 좋겠다.

커뮤니티 마케팅

룰루레몬, 커뮤니티로 투자 수익률을 높이다

요약: 커뮤니티 문화를 만들어 스포츠웨어를 타사 대비 세 배 가격에 파는 기업.

인터넷에는 여러 가지 미스터리가 있는데 그중 하나는 왜 내가 보는 화면에 특정한 광고나 동영상이 뜨느냐는 것이다. 유튜브를 시청 중이었는데 '룰루레몬Lululemon 레깅스는 왜 그리 비싼가?'라는 추천 동영상이 떴다. 희한한 일이었다. 나는 룰루레몬에서 쇼핑을 한 적도, 거기서 파는 레깅스를 입어 본 적도 없는데 말이다.

그런데 그보다 더 미스터리한 것은 내가 그런 영상을 클릭할 것을 마치 유튜브가 알고 있는 것만 같다는 사실이다. 아마 나는 유튜브라는 불꽃을 향해 날아갈 수밖에 없는 한 마리의 마케팅 나방인가 보다.

룰루레몬은 2000년 캐나다 밴쿠버에서 요가 제품을 판매하는 점포 중 하나로 시작했다. 이 회사는 빠르게 확장을 거듭해 전 세계에서 사랑받는 글로벌 브랜드가 되었다. 가격이 높기로 소문났는데도 빠르게 품절이 되는 경우가 많고(판매 제품의 95퍼센트가 정가로 판매된다) 광적인 팬층을 가진 것으로 유명하다.

자 다시 레깅스로 돌아가 보자. 몸에 딱 달라붙고 허리 높은 곳까지 올라오며 여자들이 주로 입는 운동용 바지 말이다. 레깅스의 평균 소매가는 30달러(약 4만 원) 정도인데 룰루레몬에서는 가장 싼 것이 100달러이며, 140달러짜리도 있다. 원가 대비 이윤이 거의 3,200퍼센트에 이르는 것으로 나타난다.[23] 멋지지 않은가.

이 회사는 디자인과 제품 내구성, 핏, 원단의 품질에 집중하는 것으로도 잘 알려져 있지만 그 정도로 높은 가격을 받을 수 있는 가장 큰 원인은 룰루레몬 문화를 통해 구축된 소속감이다. 이 회사가 고객들의 소속감을 높이기 위해 사용하는 세 가지 방법은 다음과 같다.[24]

1. 스웻 컬렉티브

룰루레몬은 고객을 '스웻 컬렉티브Sweat Collective' 즉 함께 땀 흘리는 공동체라 부른다. 활동적인 삶을 사는 사람들을 한데 모으고 영감을 부여하기 위한 하나의 방식이다.

이 회사는 매장과 매장이 있는 지역, 온라인에서 독특하고 포용적이며 커뮤니티를 기반으로 한 경험들을 만들어 낸다. 예를 들어 고객은 매장에서 열리는 요가 강좌나 10킬로미터 달리기 대회, 온라인 트레이닝 등을 선택해 참여할 수 있다.

룰루레몬은 또한 요가 스튜디오, 명상 공간, 스무디와 커피 바, 커뮤니티 이벤트 공간 등을 갖춘 2만 제곱피트(약 1,800제곱미터) 규모의 '경험형 매장'을 실험적으로 운영 중이기도 하다.

미러^{MIRROR}라는 이름의 기술을 통해 최첨단 하드웨어와 반응형 소프트웨어, 동급 최고의 콘텐츠로 어떤 곳이든 완벽한 가정용 짐으로 바꾸어 주는 스튜디오 운동 경험을 시뮬레이션하기도 한다. 고객은 복싱과 요가부터 댄싱까지 다양한 주문형 운동을 수천 가지 경험할 수도 있다.

2. 커뮤니티 리더 모집

커뮤니티는 신뢰를 바탕으로 만들어지며 신뢰는 보통 사람으로부터 나온다. 룰루레몬은 새 매장을 열기 1년 전에 그 지역을 조사해 영향력이 높은 요가, 달리기, 피트니스 강사들을 찾아 커뮤니티 앰배서더로 선정한다.

또한 매장은 해당 지역 앰배서더들을 회사의 문화와 피트니스 및 건강을 향한 열정을 잘 보여 줄 수 있는 리더로 선택한다. 이러한 파트너십은 해당 지역에서 살고 일하는 사람들과 진정성 있고 적극적인 관계를 형성한다.

3. 대화를 나누는 직원들

매장 직원(교육자라는 뜻의 '에듀케이터^{educator}'라고 불림)은 손님들과 '운동 목표나 피트니스 요령' 같은 대화를 주로 나눈다. 이들은 판매 직원이라기보다 헬스장에서 만나는 친구와 비슷하다. 이들의 복장 역시 편안한 운동복 차림이다.

대부분의 룰루레몬 직원은 운동을 즐기고 좋아하기 때문에 고객들과 공통의 가치관을 갖는다. 각 매장은 대화를 장려할 수 있게 조직되고 설계된다. 그리고 직원들은 매장을 관리하고 제품을 진열하기 위한 효율적인 시스템을 갖추고 있어 고객들과 대화를 나누고 더 많은 시간을 보낼 수 있다.

룰루레몬의 커뮤니티 관리자 니나 가드너[Nina Gardner]는 "고객과의 관계가 우리를 옷을 파는 평범한 소매점 이상의 존재로 만들어 줍니다. 우리는 관계를 구축하고 있어요. 커뮤니티를 만들고 있죠"라고 말한다.[25]

이 커뮤니티 문화 덕분에 룰루레몬 스웻 컬렉티브는 제품 구입에 더 많은 돈을 쓰고, 더 큰 브랜드 충성심을 보이며, 다른 유사 업체보다 더 큰 수익성을 제공한다.

그렇기에 그들은 고객이 아니다. 바로 커뮤니티다.

커뮤니티 마케팅

4장
커뮤니티로
고객과 정서적 유대를 맺는 법

이 이야기는 샌디에이고 시내의 브로큰 에그라는 식당에서 아침을 먹으면서 시작된다. 3장의 이야기는 치즈 가게에서 시작되었다. 무언가 공통점이 느껴지지 않는가?

2018년의 어느 이른 아침, 한 업계 컨퍼런스의 연사들이 만나는 자리에서 데이나 맬스태프를 처음 만났다. 당시 나는 《인간적인 브랜드가 살아남는다》를 쓰면서 더 이상 효과가 없는 오래되고 낡은 마케팅 기법의 대안을 찾고 있었다. 그리고 데이나와의 만남에서 미래를 보았다.

우리는 대화를 시작했고 데이나가 단 몇 년 만에 영업이나 마케팅 팀도 없이 50만 달러 규모의 사업체를 빠르게 구축했다는 사실을 알아냈다.

이것은 반복해 강조할 필요가 있다. 데이나의 마케팅 예산은 0원이다. 광고도 하나 운영하지 않는다. 할인 행사도 없다. 그녀는 일을 시작하고 8개월 만에 연봉 10만 달러를 달성했고, 그 시점에 그녀의 사업체는 매년 두 배 이상으로 성장했다.

데이나는 전적으로 커뮤니티를 기반으로 한 사업을 운영한다. 이제부터는 그녀가 직접 들려주는 그녀의 이야기다. 당신은 이제 커뮤니티의 폭발적인 힘이 실제로 어떻게 나타나는지 경험하게 될 것이다. 지금부터 데이나의 이야기를 들어 보자.

보스 맘 커뮤니티의 탄생 과정

사회생활 초기에 저는 여러 스타트업에서 일했는데 더 이상 제가 정말로 일하고 싶은 마음이 드는 곳을 찾을 수가 없는 지경이 되었어요. 그러다 제가 좋아했던 한 회사가 저를 프리랜서로 프로젝트에 참여할 수 있게 해 주었어요. 그때 그런 생각이 들었죠. '풀타임으로 고용되어 일하는 대신 내 시간과 두뇌의 일부를 제공하는 대가로 돈을 받는 일을 하면 좋겠다. 이 프로젝트에서 저 프로젝트로 자유롭게 옮길 수 있다면 굳이 풀타임 일자리를 찾을 필요가 있을까?'

저는 이런 가능성에 눈을 떴고 곧 제 커리어의 새로운 단계를 시작했어요. 그런데 그때 임신한 걸 알게 됐죠. 제 사업을 시작하고 싶은 마음이 절실하던 때였는데 아주 입장이 곤란해진 거죠. 제 웹사이트를 만들고, 제 브랜드를 구축하고 싶었어요. 그런데 갑자기 입덧에 시달리면서 아무 계획도 없이 첫 아이를 임신했다는 일종의 두려움을 느끼게 됐죠.

제가 어떤 상황에 처했는지 이해해 주는 사람이 아무도 없었어요. 제가 창업하고 싶어 하는 이유를 아무도 이해하지 못했죠. 자녀가 있는 친구들도 없었어요. 완전히 외롭고 고립된 것처럼 느꼈죠. 하지만 오하이오를 떠나 제 가족이 사는 캘리포니아로 이사하기로 결심하자 사정이 좀 나아졌어요.

이사한 건 저에게 축복과 같은 일이었어요. 캘리포니아에는 자기 사업을 하는 엄마들이 많았거든요. 모두가 기업가인 것 같았어요. 비슷한 생각과 **공통의 목적의식을 가진 사람들에게 둘러싸이는 건 삶을 바꾸어 놓을 만한 경험**이에요. 그리고 거기에서 기회도 엿보았죠. 이 것을 커뮤니티라는 개념으로 접근하는 사람이 없었거든요. 인맥이나 우정등으로 생각하는 사람들은 많았지만 사람들이 서로를 위하고, 공동의 책임과 리더십, 신념을 갖는 커뮤니티라고 생각하는 사람은 없었어요.

시험 삼아 서너 가지 비즈니스 아이디어를 시도해 보았지만 별로 돈을 벌지 못했어요. 그러다가 새내기 작가들을 위해 코치로 일하는 새로운 친구를 만났죠. 저는 언론학 전공을 했고 늘 책을 쓰고 싶어 했기에 책을 쓰기 시작했어요. 처음에는 콘텐츠 마케팅에 관한 책을 쓰고 싶었는데 결국 탄생한 책은 기업가와 어머니의 역할을 성공적으로 해내는 방법을 다룬 《보스 맘^{Boss Mom}》이었어요. 기업가이자 동시에 엄마로서 느끼는 죄책감과 압박감, 불안감을 솔직히 풀어낸 책이죠. 엄마들만이 느낄 수 있는 민감하면서도 절실한 무언가를 건드린 셈이었어요. 이 책에 담긴 생각은 열광적인 반응을 얻었어요. 당시에는 몰랐지만 그렇게 커뮤니티가 탄생한 것이었죠.

콘텐츠로 회원들과 소통하다

책을 쓰면서 다양한 페이스북 커뮤니티에 들어가 제가 어떤 일을 하고 있는지 알렸어요. 이건 제가 오래전부터 인맥을 쌓는 데 사용하던 전략이었죠. '저는 이걸 이렇게 이름 붙일 생각이에요'라든가 '책 표지 후보로 이런 것들이 있는데 어떤 게 좋을까요?' 하고 물어보는 거예요. 그렇게 하면 저 혼자 결정을 내릴 필요가 없고, 새로 사귄 친구들이 제가 하는 일에 관심을 가져 주어서 좋았어요.

이러한 행위들은 중요한 시장 조사인 동시에 그룹 속에서 저를 조금이나 유명하게 만들어 주었어요. 이름을 알리게 된 거죠. 제 출판 아이디어를 통해 사람들과의 대화는 점점 더 늘어났어요. 어떤 날에는 글 하나에 400~500개나 되는 댓글이 달리곤 했죠.

제 책에 대한 관심이 생겨나자 이것은 제 커뮤니티 최초의 팔로워라는 움직임의 기반이 되어 주었어요. 저는 시장 조사를 하고 있다고 생각했는데 사실은 우리 모두가 관심과 열정을 갖고 있던 아이디어를 통해 사람들을 한데 묶고 있었던 거예요. 이것이 단순한 책 이상의 것이 될 거라는 사실을 그때 느꼈죠.

그렇게 해서 '보스 맘' 커뮤니티가 시작되었어요. 기업가라면 그렇듯 추진력이 생겨나는 것이 보여서 개인적인 관심을 통해 그 불꽃에 부채질을 한 거죠. 제가 가진 모든 것을 이 새로운 커뮤니티에 쏟고 싶었거든요.

페이스북 그룹도 시작했어요. 내가 속해 있던 다른 그룹에서 100명이 넘는 구성원들이 유입되었어요. 그러자 금세 그 수가 200명, 300명으로 늘어났어요. 책에 대한 관심 덕분이었어요.

보스 맘의 목적의식은 항상 똑같아요. 사업과 가정을 함께 일구고 싶어 하는 여성들에게 용기를 주는 것이죠. 저는 그 사람들이 자신을 나쁜 엄마라고 느끼지 않아도 된다는 걸 알려 주고 싶어요. 자기 일을 사랑한다고 해서 그것이 자녀를 덜 사랑한다는 뜻은 아니거든요.

처음으로 자신이 20대가 아니고, 늘 시간이 부족하며, 해변에서도 노트북을 끼고 살아야 하는 사람임을 인정하고 받아들이는 기업가 집단이 생겨난 거예요. 대부분의 엄마들은 화장실조차 마음대로 가지 못하거든요. 우리가 선택한 삶과는 너무나도 다르지만 그렇다고 해서 자신을 위한 시간을 만들어서 짭짤한 수익을 올리는 사업을 하지 말라는 법은 없어요.

언젠가 이런 글을 읽은 적이 있어요. 무언가를 위해 고난을 겪을 용의가 있다면 그것이 바로 목적의식이라고요. 저에게는 바로 이 일이 그랬어요.

추진력을 계속 이어나가기 위해 《보스 맘》 책을 출간하는 것과 동시에 커뮤니티와 팟캐스트를 열었어요. 사람들이 다양한 방식으로 저와 소통하고 제 콘텐츠를 즐길 수 있도록요.

사람들이 책을 사기 시작했고, 커뮤니티의 지원 덕분에 《보스 맘》은 '아마존' 여러 분야에서 베스트셀러 1위가 되었어요. 이것은 우리 커뮤니티에서 일어나고 있는 일에 대해 많은 사람들의 열정과 자부심에 불을 붙였어요. 이후 다른 팟캐스트에 출연 요청을 받아 이 책에 대해 이야기를 하게 되었고, 그건 다시 제 페이스북 그룹으로 더 많은 사람들을 유입시켰어요. 저는 책을 베스트셀러로 만드는 것에 신경 쓰지 않았어요. 제가 나누고 싶었던 메시지에 집중했죠.

책의 초반 인기는 시간이 지나면 떨어질 것을 알았어요. 커뮤니티에 속한 사람의 수는 정해져 있고, 그들은 다들 바쁜 삶을 사는 엄마들이니까요. 이 커뮤니티를 지속하려면 팟캐스트와 페이스북 그룹을 통해 새로운 가치를 전달해 더 큰 관심을 유발해야 했어요. 그때가 바로 콘텐츠와 코칭, 교육에 집중하기 시작한 때죠.

목적의식 설정, 커뮤니티 설계의 첫 번째 과정

처음 페이스북 그룹에 들어갔을 때 온라인 그룹들은 훨씬 더 커뮤니티를 기반으로 하고 있다는 것을 알았어요. 집단으로서 하나의 목소리가 있었죠. 다른 많은 플랫폼들도 사용해 보았지만 페이스북이 사용하기 쉽고 사람들 간에 동지애와 깊은 유대를 조성하기 가장 좋아서 거기에 정착했어요. 제가 관심의 중심이 아닌 곳이 필요했거든요. 저는 이런 논쟁에 항상 휘말려요. 사람들은 인스타그램에도 커뮤니티가 있다고 말해요. 하지만 저는 그렇지 않다고 생각해요. 그건 그저 사람들이 댓글을 남기는 곳일 뿐이에요. 글을 쓰는 사람이 나가면 그것을 보는 사람들도 나가 버려요. 인스타그램에는 집단의 목소리가 없고 그건 대부분의 다른 소셜 미디어 플랫폼도 마찬가지예요.

커뮤니티가 거쳐야 할 첫 번째 단계는 목적의식을 정의하는 거예요. 이곳의 신념 체계는 무엇인가요? 소속감을 느끼기 위해 무엇이 필요한가요? 우리가 함께 지을 집은 무엇인가요? 이런 목적의식이 바로 사람들을 한데 모으는 계기가 돼요.

사람들이 저지르는 가장 큰 실수는 유료 고객들을 페이스북 그룹에 초대해 놓고 그것을 커뮤니티라고 부르는 거예요. 아니, 그건 커뮤니티가 아니죠.

사람들이 서로 경쟁을 해서도 안 돼요. 그들이 거기 모인 이유가 분명해야 하고, 협력함으로써 얻는 혜택을 믿어야 해요.

보스 맘에서 사람들을 한데 모아주는 기반은 매우 구체적이에요. 저는 일반적인 기업가의 그룹이나 부모들의 모임을 만들 수도 있었어요. 하지만 제 커뮤니티는 엄마들을 대상으로 해요. 그냥 보통 엄마가 아니라 자녀와 함께 보내는 시간을 줄이지 않으면서도 사업을 성장시키기 위해 노력하는 엄마들이죠. 이런 엄마들은 남들과 다른 방식으로 생각하고, 행동하고, 느껴요. 그것이 우리의 신념 체계를 정의하죠.

저는 여성들도 자기 사업을 사랑할 수 있어야 하고 그래도 괜찮다는 생각에서 시작했어요. 말 그대로 이것이 제가 시작할 수 있었던 유일한 그룹이었어요. 목적의식이 너무나도 뚜렷하니까요.

'커뮤니티 사다리'를 통해 다른 사람을 돕다

커뮤니티가 커지면서 새로 온 사람들을 환영하고, 안내하고, 연결하고, 교육하는 등 혼자 힘으로 할 수 없는 기본적인 일들이 생겼어요. 일을 나눠 맡을 자원봉사자들이 필요했죠.

커뮤니티에는 사람들이 기여할 공간과 기회가 있어야 해요. 그래서 저는 '커뮤니티 사다리'라는 개념을 통해 커뮤니티가 번창할 수 있도록 모두가 도와주는 역할을 수행할 기회를 줬어요. 어떤 사람들은 그룹의 규칙을 지키도록 도우면서 자신의 가치를 느끼죠. 소통하기 좋아하는 사람들도 있어요. 이런 사람들은 다른 사람들을 태그하고 새로운 친구들을 소개하죠. 또 힘든 일이 있을 때 경청하고 위로해 주는 사람들도 있어요. 너무 힘들고 지친 날이면 전화로 이야기를 나누고 들어주는 사람이요. 우리 그룹에는 성공을 함께 축하해 주는 치어리더들도 있어요. 그 밖에도 사람들이 채울 수 있는 많은 다른 역할이 있어요. 중요한 건 모든 걸 통제하고 지휘하는 게 아니라는 거예요. 통제하려고 들면 사람들은 자신이 누군가에게 도움을 주고 싶어 하는 존재라는 사실을 잊게 되죠.

또한 이 그룹을 향한 열정이 매우 커서 커뮤니티의 영리 사업에서 보수를 받고 특정 역할을 맡는 사람들도 있어요. 우리가 하는 일에 강력한 확신을 가지고 있어서 더 많은 일을 하고 싶어 하는 사람들이 이러한 일들을 하죠.

그리고 비즈니스 자격증 프로그램을 거치는 여성들이 커뮤니티 내에서 새로운 고객을 얻도록 돕기도 해요. 우리는 적극적인 지원이 필요한 사람들을 알아볼 수 있어요. 그래서 특정한 코칭 경험은 배우고 싶지만 영업과 마케팅을 직접 하고 싶어 하지 않는 기존 구성원이 있다면 그 사람을 채용하는 것이 효과가 있죠. 그런 것은 아주 생산적이었어요.

우리는 경험 많은 회원들의 가치를 잘 활용해요. 특히 그들이 새로운 회원을 받아들일 때 그렇죠. 니콜^{Nicole}은 우리의 관계 담당 이사인데 신입 멤버 교육 과정을 감독하죠. 그녀는 새로 온 사람들이 비슷한 관심사를 가진 커뮤니티 내 다른 사람들과 소통할 수 있게 해 줘요. 하지만 그녀도 모든 사람을 알 수는 없기 때문에 경험이 많은 자원봉사자들에게 의존하죠. 새로 들어온 회원은 성격 유형 검사를 꼭 거쳐요. 그들이 가진 역량과 균형을 잘 맞출 수 있는 사람들과 연결해 줄 수 있도록요.

제 목표는 인프라를 구축하는 것이 아니에요. 저는 직원을 두고 싶지 않아요. 제 밑으로 여러 명의 코치를 두고 싶지도 않고요. 저는 보스 맘의 여성들이 아침에 눈 뜨면서 '나는 활기차게 사업을 운영하고 있어. 하지만 오후 2시가 되면 아이를 데리러 학교에 가고 싶고, 일주일에 30시간 이상 일하고 싶지 않아'라고 당당하게 말하길 바라요. 자유는 곧 선택권을 의미해요. 내가 원하는 방식대로 내 삶을 구축하기를 선택하는 거죠. 수십만 달러의 단위 사업 매출을 올리면서 주당 20시간만 일하는 것도 가능해요. 그게 그들이 원하는 것이라면 말이죠.

커뮤니티와 구성원 간의 감정적 연결 구축하기

시스템을 만들고 커뮤니티 내의 가치를 활용하면 더욱 깊은 감정적 연결을 구축할 수 있는 시간이 생겨요. 대부분의 행정 업무를 처리하고 나면 사람들의 이름을 외우고, 그 사람들의 아이들의 이름을 외우고, 그들이 어떤 압박을 받고 있는지 이해할 시간을 가져요. 그 덕분에 어떻게 하면 새로운 교육이나 아이디어로 그들을 더 잘 도울지 알수 있어요.

대부분의 기업은 이런 수준에 이르지 못해요. 커뮤니티를 어떻게 통제할지를 중심으로 시스템을 만들기 때문이에요. 그런 사람들은 통제할 수 없으면 성공할 수 없다고 생각해요. 이것은 오래되고 낡은 사고방식이에요. 그들은 처음 시작할 때 가졌던 본래의 열정을 간과하고 조직과 물류, 긴밀하게 관리해야 하는 무언가에만 집중해요.

제가 자주 하는 말이 있어요. 자기 힘으로 지탱되는 커뮤니티를 세우는 것이 사업의 궁극적 목표라고요. 저는 저를 필요로 하지 않는 커뮤

커뮤니티 마케팅

니티를 만들고 싶어요. 커뮤니티의 중심에 우리 자신을 두는 건 자기중심적인 행동이에요. 내가 없으면 누구도 성공을 거둘 수 없다고 생각하는 셈이니까요. 그런 사람은 커뮤니티를 원하지 않아요. 자신이 숭배받기를 바라죠.

커뮤니티 리더로서 우리가 해야 하는 일은 조력자가 되는 거예요. 그렇게 해야 사람들이 성공하고 성장할 수 있어요. 관리자는 무언가를 지시하지만 조력자가 되면 '요청'하게 돼요. 그것이 바로 커뮤니티에서 긴밀한 참여를 창출하는 초석이에요.

우리가 할 일은 함께 일하는 사람들과 상호의존성을 만들지 않는 거예요. 개별적인 성공과 독립을 만들어야 해요.

이제는 제가 커뮤니티의 모든 사람을 알 수는 없어요. 하지만 사람 간의 교류는 유기적이고 임의적으로 느껴져야 해요. 그래야 모두 연결될 기회가 있는 것처럼 느낄 수 있죠.

그러기 위해 우리는 회원들에게 동영상 메시지를 보내요. 우리의 유료 커뮤니티에 가입하면 그들의 생일이나 함께 축하해야 하는 날, 애도와 슬픔으로 인해 도움이 필요한 날을 물어봐요. 그런 날들을 위한 동영상을 만들어 놓으면 자동 시스템이 그때그때 영상을 전송해요. 그러면 마치 저로부터 가상의 포옹을 받는 것 같죠. 저는 그들이 사랑받고 있으며, 훌륭한 사람이고, 힘든 날을 이겨낼 수 있다는 사실을 알려 주고 싶어요.

우리가 이런 동영상을 통해 받는 이메일의 수는 어마어마해요. 한 분은 이런 말을 했어요. "이날 유산을 했었는데 보내주신 동영상은 큰 위로가 되었어요. 오늘의 제 슬픔에 대해 아무도 모르거든요." 그 동영상이 자동 전송된 것이라 해도 정말로 값지고 귀중한 순간을 만들어 줘요.

감정적 연결을 만드는 건 충성심을 키우는 열쇠가 돼요. 한 사람으로서 그들이 누구인지 제가 실제로 관심을 갖고 있다는 것을 느낄 수 있거든요. 대부분의 사람들은 매출에 집중하고 성공을 거둔 사람에게만 축하해 줘요. 커뮤니티에서 제 목표는 그들이 성공을 거두지 못한다 하더라도 자신이 귀중한 사람이라는 것을 알 수 있도록 모두를 축하해 주는 거예요. 사업이 잘 안 되고 있다고 해서 그 사람이 문제라는 뜻은 아니에요. 어려움을 겪는 사람들의 기운을 북돋아 주고 그들에게 가까이 다가가 더 많은 성공담을 쓸 수 있도록 돕는 데 주력해요. 그러다 보면 사람들은 자연히 우리에 대해 이야기하게 될 거예요.

커뮤니티가 울타리가 되다

어떤 연구 결과를 읽은 적이 있어요. 개는 공원처럼 사방이 트인 공간에 있을 때는 주인이 벤치에 앉아 있으면 80퍼센트 정도의 시간을 주인의 곁에서 보낸다고 해요. 그런데 울타리가 있는 공간에서라면 주인에게서 벗어나 거의 내내 자유롭게 돌아다니죠.

여기에는 커뮤니티가 배워야 할 교훈도 있어요. 사람은 경계에 반응

해요. 안전한 경계를 마련해 두면 독립성을 장려할 수 있어요. 그게 리더로서 제가 하는 제일 중요한 일이에요. 우리 커뮤니티를 위해 안전한 환경을 조성하는 것이죠. 그것이 성장하고 성공할 자유를 만들어 줘요. 그래서 저는 바꿀 수 없는 경계를 정해 놔요.

우리는 경계를 지킴으로써 참여와 열정, 성장을 이룩할 수 있었어요. 그것이 사람들이 우리를 다른 사람들에게 추천하는 이유죠. 우리가 표명하는 바가 명확하니까요.

현재 회원은 7만 명 정도고 여전히 빠른 속도로 늘고 있어요. 그 안에서 참여와 연결이 엄청나게 이루어지고 있죠. 다들 새로운 친구와 사업 관계를 찾고, 서로의 팟캐스트에 출연하며, 놀라운 방식으로 협력하고 있어요. 자원봉사자가 많은 덕분에 거대 규모의 그룹인데도 친밀감과 연결을 유지할 수 있죠.

이 커뮤니티에서 가장 중요한 제 역할은 우리의 문화와 공통의 신념 체계를 지키는 거예요.

우리 커뮤니티를 뒷받침하는 목적의식은 바로 여성에게 힘을 실어준다는 거예요. 휴가비를 더 벌기 위한 것이든 대기업을 세우기 위한 것이든 가정생활을 희생하지 않고도 그 일을 해낼 수 있는 자원을 제공하는 거죠. 그러기 위해 저는 수용과 안전의 문화를 강화시켜야 해요.

그러한 목적의식 속에서 제 역할은 여성이 스스로 귀중한 존재임을 느끼도록 돕는 거예요. 살다 보면 너무나도 많은 방면에서 불안감이 생겨나곤 해요. 여성들은 외모나 자신의 감정, 자녀 양육 방식에 있어 끊임없이 비판을 받고 있어요. 일을 하기 위해 아이들을 방과후 돌봄 교실에 보내면 죄책감을 느껴야만 하죠.

우리는 '보스 맘' 내에서 건전하고 기존과 다른, 완전히 새로운 종류의 문화와 생태계를 만들고 있어요. 이곳은 안전하고 누구도 나를 재단하지 않아요. 그리고 그것을 다른 사람들에게도 전파해요.

진실성이 브랜드를 향한 충성심을 만든다

커뮤니티는 판매를 하기 위한 곳이 아니에요. 사람들의 가치를 높여주고 커뮤니티에 속한 사람들이 자신의 존재를 귀중하게 느낄 수 있게 만들어야 해요.

짚고 넘어갈 것이 있는데, 저도 뭔가를 팔아야 한다면 얼마든지 팔 수 있어요. 하지만 그렇게 할 필요가 없죠. 우리에게는 진실성을 기반으로 한 커뮤니티가 있어요. 진실성이 있다면 그것이 관계의 시작이 되고, 관계는 다시 충성심의 시작이에요. 그리고 충성심이 있다면 모든 걸 가진 것이나 다름없죠.

충성심은 어떤 기업에서든 얻기 힘들지만 진실성을 바탕으로 한 커뮤니티에서는 시간이 지나면서 자연스럽게 만들어져요. 우리를 위해 싸워 줄 사람들이 있다면 커뮤니티가 제대로 돌아가고 있다는 셈이 되죠. 충성심이란 누군가가 우리에게 나쁜 말을 할 때 다른 사람들이 '한 판 붙어 보자는 건가?' 하며 대신 나서는 것이죠.

커뮤니티 마케팅

우리 사업은 끊임없는 추천과 소개를 통해 점점 커지고 있어요. 많은 사람들이 우리가 하는 일을 굳게 믿어 주기 때문이죠. 우리 매출의 약 3분의 1은 커뮤니티 밖에서 나와요. 사업보다는 조직적인 운동이 시작하기 쉬워요. 사업이 이루어지려면 돈을 벌기 위해 무언가를 팔아야 하죠. 하지만 조직적인 운동을 시작하는 기업은 많지 않아요.

내가 중요하게 생각하는 무언가에 대해 다른 사람들이 함께 나서서 비를 맞으면서도 소리 높여 외치게 만들 수 있다면 조직적인 운동이 시작되는 거예요.

커뮤니티의 수익 창출은 어떻게 할까?

보스 맘 페이스북 그룹은 완전히 무료인 커뮤니티예요. 초기에는 제품 '반짝 세일' 같은 것을 열어 돈을 받았어요. 그건 새로운 콘텐츠 아이디어를 테스트하고 수입원을 만들기 위한 하나의 방식이었죠. 몇 달 후에 보스 맘 아카데미를 시작했고 그건 6개월짜리 유료 그룹 코칭 프로그램이었어요.

4년차에 60달러 정도를 내면 콘텐츠 라이브러리에 접근할 수 있게 하는 최초의 멤버십 프로그램을 시작했어요. 50~60명 정도가 즉시 가입했지만 그때 제가 배운 게 있어요. 엄마들에게는 여러 가지 옵션이 필요한 게 아니에요. 의사결정 지원이 필요한 거죠. 모든 정보에 무제한 접근권을 제공하는 건 엄마들의 라이프스타일에 잘 맞지 않아요. 저는 몇 년에 걸쳐 사람들이 따를 수 있고 우리와 함께 성장할 수 있는 시스템을 만들어야 했어요.

그게 만들어진 건 5년차예요. 정말 빠르게 성장했고, 보스 맘이 계속 성장하도록 도와줄 기본적인 그룹 코칭 프로그램인 너처 투 컨버트 소사이어티™Nurture to Convert Society의 가입비를 받기 시작했죠. 매출이 금세 발생하기 시작했어요. 임의로 콘텐츠를 추가하는 대신 기업가로서의 성공을 향해 훨씬 더 전략적이고 체계적인 과정을 제공했거든요.

현재 우리 수익의 70퍼센트 정도는 커뮤니티 회원 가입에서 나오고 있어요. 워크숍에서 10퍼센트, 커뮤니티에서 비롯된 클라이언트들에게 컨설팅하는 데서 10퍼센트가 나오고, 나머지 10퍼센트는 우리가 제공하는 전문 인증 과정에서 나오죠.

활발한 커뮤니티가 건강한 커뮤니티예요. 우리는 우리 커뮤니티가 옳은 방향으로 가고 있는지 확인하기 위한 몇 가지 측정 요소가 있어요. 첫 번째는 사람들이 얼마나 커뮤니티에 자주 글을 올리고 댓글을 다는지, 즉 참여율을 관찰해요. 그러한 글들을 통해 우리 리더들이 그들과 관련성을 유지하고 있는지, 사람들로 하여금 생각하게 만드는 의미 있는 대화와 포스팅 콘텐츠를 창출하고 있는지 등을 반추해 볼 수 있죠.

두 번째는 커뮤니티 성장세를 측정해요. 이것은 페이스북 추천 알고리즘과 상관이 있어요. 우리 그룹은 추천을 많이 받거든요. 커뮤니티가 성장하면 제 메시지를 전하고 이 움직임을 성장시키는 데도 도움이 돼요.

세 번째 측정 요소는 커뮤니티 소식이 외부로 빠르게 퍼지는가, 제가 팟캐스트 출연과 동영상 인터뷰 요청을 받고 있는가 같은 것들이에요. 커뮤니티 외의 매체에 등장하면 인식을 높일 수 있거든요.

그리고 마지막으로 당연히 매출과 매출로 이어지는 단초도 살펴봐요. 매출이 늘어난다는 건 제가 우리와 관련된 청중에게 의미 있는 제품을 제공하고 있다는 지표거든요.

지속 가능한 커뮤니티가 되는 길

지금까지 보스 맘을 운영하면서 학습 과정에서 멘토와 멘티 관계가 얼마나 중요한지 깨달았어요. 그건 정말로 멋진 호혜적 관계죠. 제게 궁극적인 인생 목표가 있다면 그런 관계에 접근하기 더 쉽게 만들어 대학교의 대안을 개발하는 거예요. 배움의 즐거움을 없애 버리는 강의실에 앉아 있는 대신 서로에게서 배움을 얻자는 거죠.

저는 수백만 여성들이 자신의 가치를 인정받고 귀중한 사람이라고 느끼면서 매일 아침 잠에서 깨길 바라요. 세상 속에서 자신의 위치와 가치를 알며, 필요하다면 당당히 일어설 수 있다는 사실을 알면 고귀한 가치를 창출할 수 있다고 믿거든요.

우리가 개발 중인 또 다른 프로젝트가 하나 있는데 바로 창업으로 이어지는 다리를 놓아 주는 자격증이에요. 아직 창업을 하기 힘든 단계에 있는 여성이 있어요. 이들을 교육해서 어느 정도 수입도 올리고 다음 단계로 넘어갈 수 있도록 도와줄 수 있죠. 그런 서비스에 수요가 큰 걸 확인했고, 아주 빠르게 예약이 차고 있어요. 6개월이나 1년 정도 이 과정을 거치면 자신의 사업을 시작할 준비가 될 수 있겠죠.

제 목표는 백만장자들을 키우는 게 아니에요. 스스로 떳떳하고 귀중하며 가치 있는 사람이라고 느낄 수 있게 해 주는 지속 가능한 사업을 할 수 있도록 돕는 것이죠.

커뮤니티 마케팅

5장
커뮤니티 프레임워크

처음 세 장에서는 커뮤니티 기반 마케팅이 어떤 관련성이 있는지 알아보았다. 그리고 커뮤니티의 놀라운 경제적 혜택도 일부 다루었다. 또한 4장에서는 '보스 맘'의 데이나 맬스태프가 성공적인 커뮤니티를 만들어 수익성 높은 사업으로 연결되는 길을 보여 주었다. 데이나가 소개한 성공의 열쇠는 다음과 같았다.

커뮤니티 성공의 6가지 열쇠

1. 문화

데이나는 조직의 모든 메시지와 정책, 제품에 커뮤니티 우선 문화가 스며들도록 만들었다. 커뮤니티의 모든 측면은 기업을 운영하는 엄마들에게 영감을 부여하겠다는 그녀의 비전과 방향이 일치한다. 그녀는 성공하기 위해 끊임없이 무언가를 팔아야 한다는 압박에 시달리지 않는다. 사업적 성공의 기반으로서 커뮤니티가 번창할 수 있는 안전한 공간을 만든다.

2. 목적의식

명확히 정의된 목적의식은 첫 번째 단계이자 그녀의 커뮤니티를 하나로 뭉치게 하는 데 필수적인 '슬로건'과도 같았다.

'엄마인 동시에 사업을 운영하고 싶어 하는 여성들에게 도움을 준다'는 그녀의 목적의식이 완전히 고객 중심적이라는 사실에 주목하자. 이 커뮤니티를 움직이게 만드는 꿈은 바로 '사람들이 정당하고, 귀중하며, 자격이 있다고 느끼게 만들어 주는 방식으로 지속 가능한 사업을 시작하는 것'이었다. 데이나는 분기별 매출 목표 같은 것을 언급한 적이 없다.

일반적인 시각에서 볼 때 이것은 상식과 다름없다. 우리 지갑에서 더 많은 돈을 꺼내 가려 애쓰는 커뮤니티에는 누구도 충성심을 느끼지 않을 것이다. 그런데 사업적인 시각에서 볼 때 이것은 매우 급진적인 개념이다. 여기에서 암시하는 바는 커뮤니티 기반 사업에서 데이나의 마케팅은 **마케팅이 전혀 필요 없다는 것**이다. 최소한 전통적인 의미의 마케팅은 그렇다는 말이다.

3. 회원 모으기

데이나의 커뮤니티는 회원이 7만 명이 넘지만 처음 시작은 그녀의 아이디어에 관심을 가진 소수의 친구들 모임이었다. 그녀는 자신이 오랫동안 해 오던 기존의 인맥 구축 방식을 이용해 최초의 지지자들을 찾아냈다.

커뮤니티의 초기 에너지는 그녀가 책을 쓰는 데 도움을 주는 활동에서 나왔다. 그러다가 성장세가 주춤해지자 커뮤니티에 활기를 되찾아 줄 방법을 찾아야 했는데, 그것은 콘텐츠와 코칭을 통해 그곳에 모여야 할 새롭고 관련성 높은 이유를 제공하는 것이었다. 그리고 결과적으로 회원들이 공통의 목적의식을 향해 협력하게 되면서 그 커뮤니티는 자기 힘으로 돌아가게 되었다.

데이나는 자신의 커뮤니티 회원들이 친숙하게 느끼고 일상적으로 사용하고 있던 페이스북에 플랫폼을 만들었다.

4. 힘의 재분배

데이나는 자존심을 내려놓고 커뮤니티가 스스로 이끌도록 두는 것이 중요하다고 단호하게 이야기했다. 그녀는 보수를 받는 자리들을 만들었고 진정한 리더십을 보이는 자원봉사자들의 지위를 높였다.

그럼에도 그녀만의 역할과 비전은 매우 중요하다. 데이나는 이 문화의 수호자다. 그녀는 자신이 하는 유일한 일은 커뮤니티 속에서 사람들이 안전하다고 느끼도록 하는 것이라고 말했다.

데이나 맬스테프는 커뮤니티가 어디로 나아갈지 방향을 안내한다. 보스 맘은 세상과 함께 변화해야만 한다. 그렇지 않으면 관련성을 잃을 수 있기 때문이다.

5. 커뮤니티 기반 사업의 수익 창출

보스 맘을 시작하기 전 데이나는 영업 일을 했다. 하지만 커뮤니티 기반 사업에서는 판매를 할 필요가 없다. 관련성과 참여도가 높고 충성심이 뛰어난 사람들이 대신 그 일을 해 주기 때문이다. 그들이 그녀의 제품을 사는 건 그 커뮤니티의 목적의식을 믿고 그녀를 신뢰하기 때문이다. 그들은 충성심이 높기 때문에 새로운 회원을 데려오고 사업을 소개한다.

모든 면에서 커뮤니티 회원은 영업과 마케팅 팀 역할을 톡톡히 한다. 그녀의 커뮤니티가 성장하고 번창하는 것은 그녀의 사업도 성장하고 번창하는 걸 의미한다.

6. 측정 요소

데이나의 주요 측정 요소는 커뮤니티 참여도, 성장성, 인식과 관련되어 있다. 이런 측정 요소는 커뮤니티가 얼마나 중요한지, 또는 회원들을 잘 섬기고 있는지를 보여 준다.

마케팅 전략의 일환으로 커뮤니티를 만든다는 건 기존 스프레드시트나 대시보드에 깔끔하게 들어맞지 않는 새로운 측정 요소 아이디어를 내야 한다는 뜻이다.

첫 번째 스텝을 마무리하며

여기까지가 이 책의 첫 스텝이었다. 커뮤니티 기반 마케팅이 가져다줄 멋진 기회를 조금씩 이해할 수 있었기를 바란다. 두 번째 스텝에서는 지금까지 나온 개념들에 보태어 다음을 살펴보고자 한다.

① 커뮤니티 성장을 위해 갖추어야 할 기업 문화
② 사람들이 모이고 싶어 하는, 고객 중심적 목적의식 확립하는 법
③ 첫 번째 커뮤니티를 만들거나 기존 커뮤니티를 활용하는 법
④ 커뮤니티 기반 마케팅의 성공에 필요한 새로운 마인드셋
⑤ 커뮤니티의 효용성 측정 기준

이제는 커뮤니티 기반 사업을 향해 여정을 시작할 때이며, 가장 먼저 할 일은 조직 문화를 점검하는 것이다. 커뮤니티에 있어서 회사의 문화는 그 성패를 좌우하는 요인이 될 수 있다.

골버스터스 컨설팅,
커뮤니티로 '기념품 판매'에서 탈피하다

요약: 앨리스 페리스는 고객 기금 마련 목표를 달성하기 위해 기존과 다른 커뮤니티 접근법을 사용한다.

미국에서 비영리 조직의 모금 활동, 특히 공중파 방송국과 라디오 방송국에 있어서만큼은 제일 중요한 것이 바로 머그잔이다. "○월 ○일까지 기부 서약서를 보내주시면 특별한 머그잔(또는 DVD나 손가방)을 보내드립니다"가 흔히 쓰이는 방식이다.

이것은 비영리 조직이 머그잔 중독에서 벗어나 가치와 커뮤니티에 초점을 맞춘 새로운 모금 활동으로 나아가게 만든 한 용감무쌍한 여성의 이야기다. 앨리스 페리스^{Alice Ferris}는 성공적인 기금 모금 회사를 공동 운영하고, 영향력 높은 비영리 단체 이사회에서 활동 중이며, 해당 업계에서 혁신의 리더로 간주된다. 모금 활동을 향한 그녀의 열정은 쿠키에서부터 시작되었다.

"모금 활동을 처음 접하게 된 것은 위스콘신주 맥팔랜드^{McFarland}에서 걸스카우트를 했을 때예요. 제가 사는 지역에서 걸스카우트 쿠키 판매 1등을 했죠. 그때는 운이 좋았어요. 마침 제가 찾아간 집에서

민트 파이를 만들려던 참이었는데 그걸 만드는 데는 걸스카우트 쿠키가 많이 필요했거든요. 그래도 1등은 1등이죠.

고등학교에 다닐 때는 텔레비전 기금 모금 프로그램 제작 일을 하고 싶었어요. 위스콘신 방송국에서 연례 기금 마련 행사를 열기 위해 자원봉사자를 찾고 있었고, 저는 그곳에 자원해서 결국 고등학교를 졸업할 때까지 일하게 되었어요. 위스콘신 대학교에 들어간 뒤에는 그 방송국에서 저를 제작 스태프로 고용했고요. 그런데 마침 모금 사무실에서 도움을 필요로 했고 저는 어떤 경험이든 하고 싶어 했기에 제가 돕겠다고 했죠. 그러고는 어쩌다 보니 겨우 스무 살의 나이에 그 방송국의 연례 기금 마련 행사 제작 총책임을 맡게 됐어요."

앨리스는 모금 활동 분야에서 서너 차례 경험을 쌓은 뒤, 2001년 골버스터스 컨설팅GoalBusters Consulting이라는 회사를 공동 창립했다. 그때까지 그녀는 비영리 단체를 위해 수십 차례의 기금 마련 캠페인을 이끌었고, 그중 대다수는 한 가지 공통점을 갖고 있었다. 바로 기념품이었다.

"모금 활동은 이제까지 거래에 초점을 두었어요. 저한테 지원을 필요로 하는 일이 있고, 상대에게는 돈이 있어요. 당신이 이 프로젝트를 지원하도록 설득하려면 무엇인가를 보상으로 줘야 해요. 기부금을 내면 우편으로 머그잔이나 비디오테이프 등의 선물을 받는 거죠.

여기에는 진정한 의미의 인간관계가 없어요. 한마디로 머그잔이나 비디오테이프 등의 기념품을 판매하는 것과 다름없었어요.

하지만 팔 게 없을 때는 일이 훨씬 더 힘들어져요. 한 번은 애리조나주 플래그스태프 로웰 천문대Lowell Observatory의 발전 기금 프로그램을 운영하고 있었는데 그곳에서는 기념품으로 줄 만한 마땅한 것이 없었어요. 그곳은 대학교와 연계되지 않은 사립 천문 연구소였거든요. 하지만 로웰 천문대는 명왕성을 발견한 곳이라는 타이틀이 있었어요. 그래서 그것을 저희의 영업 포인트로 삼았죠.

저는 머그잔이나 티셔츠를 판매하지 않으면서도 그 천문대가 지원할 가치가 있는 곳이라는 걸 납득시키는 임무를 맡았어요. 기부를 통해 그들이 과학에 어떤 영향력을 발휘할 수 있을까, 그들에게 어떻게 과학에 대한 호기심을 심어 줄까를 고민했죠.

일단 우리 기부자들의 정서적·지적 필요를 살펴보기 시작했어요. 그 당시에는 생각이 아직 '커뮤니티 단계'에 이르지 못했지만 제 접근법은 조금씩 발전하고 있었어요. 누군가 비영리 단체를 지원할 때 그들이 공통적으로 느끼는 의미와 목적의식이 어떤 역할을 하는지 생각하기 시작했어요. 비영리 단체가 필요로 하는 것을 우선시하는 데서 초점을 옮겨 기부자들의 필요를 생각하기로 했죠.

제가 맡기 전에 이 천문대에서는 와인과 치즈 파티를 여러 번 열

커뮤니티 마케팅

었다고 했어요. 하지만 우리의 기부자 중에는 천문학밖에 모르는 사람들도 많아요. 그런 사람들이 치즈를 먹으면서 처음 보는 사람들과 대화를 나누고 싶어 할까요? 그렇지 않겠죠. 하지만 천문학 강의를 하니 사람들이 정말로 좋아했어요. 거기에서 사람들을 한데 모으는 힘을 알아볼 수 있었어요. 그때 저의 철학이 무언가를 주고받는 것에서 일종의 소속감 확립으로 바뀌었어요. 어떻게 하면 기부자들을 한 곳에 모으고, 사람들과 관계를 맺고 감정적인 연결을 느끼게 할까? 그래서 결과적으로 우리 조직과 유대를 느끼게 할까?

한번은 제 회사를 통해 다시 한 번 TV 방송국의 컨설팅을 맡게 되었는데 이제는 머그잔을 파는 데서 벗어나 이 소속감이라는 개념을 실험해 볼 때가 되었다고 느꼈어요.

우리는 먼저 작은 규모의 커뮤니티 행사를 주최했어요. '열띤 토론'이라는 연속 대담회였죠. 식음료를 제공하는 현지 장소를 예약하고 뉴스 담당 이사와 주제 전문가를 섭외해 그 시기에 맞는 주제에 대해 이야기를 나누도록 했어요. 용수 이용 권리 같은 주제에 대해 공개적인 대화를 나누고, 시장과 질의응답 시간을 갖고, 해당 뉴스를 보도하는 데 어떤 문제가 있었는지 지역 언론인들과 패널 토론을 했어요. 일부 단골 기부자들도 모으기 시작했는데, 그들이 주로 많은 돈을 기부해 주시는 분들이었죠.

그러다가 흥미로운 일이 일어났어요. 점점 더 많은 사람들이 행사에 참석하고 서로를 알게 되면서 기부금액이 늘어난 거예요. 이 커뮤니티에 자신과 같은 생각을 지닌 다른 사람들이 있다는 것을 깨달은 뒤 그 소통과 연결, 토론을 즐기게 된 거죠. 이것은 우리가 기부자들을 정기적으로 직접 만나고 인간관계를 맺을 기회가 되었어요. 그들에게 우리가 단순히 돈을 달라고 하는 낯선 사람이 아니라 인간적으로 소통하는 친밀한 사이가 된 것이죠. 이런 행사를 찾던 기부자 한 명은 1년에 100달러씩 기부를 했었는데 이제는 매달 100달러씩 기부하고 있어요. 커뮤니티를 통해 우리가 확립한 정서적 연결 덕분이죠.

이런 비영리 커뮤니티 구축이 좋은 점 중 하나는, 이런 행사에 직접 참여할 만큼 마음을 쓰는 사람을 만나는 일이 곧, 우리가 하는 일에 관심이 있는 사람을 찾는 일이라는 거예요. 그런 사람들은 지금 당장 기부를 하지 않더라도 커뮤니티 내에서 우리를 조금 더 알게 되면 기부를 하게 될 가능성도 높죠.

이런 행사는 의도적으로 소규모로 기획해요. 대규모 행사에서는 누구든 익명으로 남기 쉽거든요. 소규모 행사는 사람들이 실제로 서로 소통하게 되기 때문에 그 효과가 훨씬 커요. 이렇게 만들어진 우정은 페이스북 그룹에서도 이어질 수 있는데, 우리는 여기에서 서로 댓글을 다는 많은 사람들과 소통할 수 있어요. 그렇게 해서 지금은 일부 커뮤니티 회원들이 우리 행사나 토론을 이끄는 수준까지 이르렀어요.

현재는 우리의 기금 마련 전략에서 커뮤니티와 소속감은 핵심적인 역할을 해요. 저는 기념품 판매라는 전통적 방법에서 완전히 벗어나는 것을 목표로 임무를 수행 중이에요. 반창고를 확 떼어 버리는 거죠. 더 이상 기념품을 팔아서는 안 돼요. 후원자들에게 소속감을 심어 줘야죠."

BELONGING
TO
THE BRAND.

커뮤니티 운영의
기술과 과학 A to Z

대부분의 브랜드 커뮤니티가 갖는 치명적인 오점은
끊임없이 뭔가를 '팔려는' 과도한 욕구다.

6장
커뮤니티가 성장하기 위해
갖추어야 할 5가지 기업 문화

지금부터 나와 함께 간단한 활동을 해 보자.

먼저 눈을 감고 성인이 된 이후 지금까지 함께 일했던 상사들이 이 방을 채우고 있다고 상상해 보자. 그런 다음, 그들에게 이런 말을 해 보자. "저한테 좋은 아이디어가 있습니다. 저희 마케팅 예산 일부를 커뮤니티를 만드는 데 쓰는 것입니다. 저희 고객이 운영하는 커뮤니티요. 그러려면 저희가 대부분의 통제권을 내려놓아야 합니다. 분기별 매출 목표 달성을 목적으로 해서는 안 됩니다. 그리고 일부 고객들로부터 비판도 받게 될 겁니다. 고객이 좋은 아이디어가 있다면 돈을 지불하고 지식재산권을 공유해야 합니다. 몇 달간, 아니 몇 년간은 수익에 직접적인 영향을 미치기 어려울 수 있습니다. 하지만 이것이 바로 마케팅의 미래입니다. 제 말을 믿으세요."

내 과거 상사 중에 이 제안을 순순히 받아들일 사람은 많지 않을 것이다. 그중 한 명은 날 향해 눈알을 부라리며 으르렁대는 모습까지 상상이 된다.

당신의 회사 문화가 곧 마케팅이다. 회사 변호사나 과도한 영향력을 행사하는 영업 관리자의 승인 없이 한 발짝도 움직이기 힘든 회사를 다니고 있다면 그런 억압적인 문화가 당신의 브랜드와 커뮤니티에도 고스란히 드러날 것이다.

IT분야의 리서치 업체 가트너^{Gartner}의 분석가들에 따르면 브랜드 커뮤니티 운영 업체 중 70퍼센트가 실패하고 있다.[1] 그 이유는 무얼까? 바로 문화 때문이다.

커뮤니티가 실패하는 것은 매출에 대한 기업의 내부적 기대와 영업을 당하고 싶어 하지 않는 고객 커뮤니티의 외부적 기대 사이에 방향이 일치하지 않기 때문이다. 핑크 플로이드^{Pink Floyd}의 유명한 노래 가사가 떠오른다.

"우리는 교육이 필요 없어요. 생각의 통제가 필요 없어요^{We don't need no education. We don't need no thought control}."

당신의 목표가 고객을 교육하고 영업 깔때기를 따라 이동하게 만드는 문화를 강제하는 것이라면 벽에 부딪히고 말 것이다.

하지만 커뮤니티의 에너지로 불이 붙을 준비가 되어 있는 조직이라면, 진정으로 고객 중심적인 문화에 뛰어들 준비가 되었다면, 지금이야말로 시작하기 좋은 때다. 혹시 아니라면 이 장 마지막에 그런 당신을 위한 몇 가지 아이디어가 마련되어 있으니 걱정하지 마라.

당신의 브랜드에 소속감을 느끼는 고객은 힘들 때도 옆을 지켜 주고, 더 많은 돈을 쓰며, 당신이 구매할 수 있는 그 어떤 광고보다도 더 좋은 이야기를 널리 퍼뜨려 줄 것이다. **커뮤니티는 세상에서 가장 훌륭한 마케팅 도구가 될 수 있다.**

하지만 그것도 개인에게 힘을 실어 줄 수 있는 문화에서부터 시작되어야 한다. 지금부터는 번창하는 커뮤니티를 위해 필요한 다섯 가지 문화적 고려 사항을 자세히 알아보도록 하자.[2]

커뮤니티는 단순한 마케팅 도구가 아닌 사업 전략

기업은 커뮤니티 구축과 관련한 일을 마케팅 부서에만 전담시키는 경우가 많다. 하지만 그건 큰 실수다. 브랜드 커뮤니티가 최대한의 효과를 거두려면 그 전략은 사업 전반적 목표를 뒷받침하는 높은 수준에서 고민해야 한다.

세포라^{Sephora}는 프랑스의 국제적인 퍼스널 케어 및 뷰티 제품 소매업체로서 세계에서 가장 훌륭한 브랜드 커뮤니티 중 하나인 뷰티 인사이더^{Beauty Insider}를 운영한다. 이 거대한 사이트에는 거의 600만 명이나 되는 회원이 있다. 내가 방문했을 때에는 한 번에 10만 명이 넘는 활성 회원이 실시간 온라인 대화를 나누고 있었다.

이 커뮤니티는 세포라의 전략에서 핵심을 차지한다. 아무 편견이 없고 광고가 포함되지 않은 뷰티 관련 대화를 나누고 싶어 하는 고객의 욕구를 사업 전반에 활용한다. 이 거대한 대화와 소통을 통해 회원들은 실시간으로 자신의 최애 제품을 공유하고, 헤어와 메이크업을 자랑하며, 뷰티 팁을 교환한다.

세포라는 전 세계 35개 국가 2,700여 매장을 운영하지만 그럼에도 거의 커뮤니티 기반인 기업체라 할 수 있다. 이 거대하고도 복잡한 세계적인 커뮤니티를 다채널 전략에 녹여 넣으려면 운영과 기술, 공급망, 그리고 고위 리더십 전략과의 매끄러운 통합이 필요하다.

10장의 사례 연구에서 커뮤니티 성과 측정 기준을 이야기할 때 세포라에 대해서 좀 더 자세히 설명할 것이다.

브랜드 커뮤니티는 고객을 섬기기 위해 존재한다

대부분의 브랜드 커뮤니티가 갖는 치명적인 오점이 있다. 바로 끊임없이 뭔가를 '팔려는' 과도한 욕구다. 솔직히 말해 매출에서 가시적인 성과를 보여 줄 수 없다면 이 커뮤니티의 투자 수익률을 어떻게 정당화할 수 있단 말인가?

여기에서 우리가 목표로 하는 것이 무엇인지 다시금 상기해 보자. 한 개인이 브랜드 커뮤니티에 속하게 되면 서로에게 이익이 되는 유대가 생겨난다. 커뮤니티 속에서 경험하고 표현하는 브랜드를 향한 사랑은 개인의 자아존중감과 브랜드 지지 모두에 긍정적으로 기여한다.[3]

이 같은 마법은 회사가 기존의 전통적 영업 대시보드를 버리고, 브랜드 구축이라는 렌즈를 통해 커뮤니티를 바라보며, 커뮤니티 회원의 필요를 무엇보다도 우선시할 때만 나타날 수 있다.

좋은 예가 바로 직장인을 위한 여성복을 생산하는 MM 라플뢰르M.M.LaFleur다. 그들의 커뮤니티 채널에 들어가면 고객들이 가정과 직장에서의 바쁜 삶에 대해 열띤 토론을 벌인다. 당연히 패션에 대해 게시물을 올리고 이 브랜드의 최신 출시 제품에 대한 이야기도 하지만 각자의 성공과 힘든 점, 그리고 반려동물 사진도 많이 올린다.

"다른 여자들의 의견을 들어 봐야 할 질문이 하나 있었어요. 저는 그 질문을 MM 라플뢰르 커뮤니티에 올렸죠. 의류 브랜드 커뮤니티가 내가 속한 가장 큰 전문직 여성의 커뮤니티라니 조금 이상하긴 하죠. 하지만 저는 신뢰할 만한 다른 여성들로부터 대답이 필요했고, 이 커뮤니티는 제게 그런 해답의 원천이에요. 저는 유용하고 솔직한 피드백과 정서적인 도움을 받았어요. 그런 커뮤니티가 있다는 것만으로도 그 브랜드의 열렬한 팬이 되죠." 골버스터스 컨설팅의 앨리스 페리스가 한 말이다.

그리고 물론 앨리스는 MM 라플뢰르의 제품도 산다. 하지만 그것이 그녀가 그 커뮤니티를 드나드는 이유는 아니다.

커뮤니티 구성원 중에서 리더를 키워라

'보스 맘'의 데이나가 4장에서 이야기한 것처럼 커뮤니티를 키울 때 중요한 것은 마이크로 매니지먼트, 즉 사소한 일까지 일일이 관리하는 것이 아니다. 중요한 건 리더들을 키우는 것이다.

어떤 커뮤니티든 소수의 열정적인 사람(광팬)이 그룹을 전진시키며 가능성을 확대시킨다. 초기의 리더들에 주의를 집중하고 그들을 키워라.

전통적인 기업 세상에서 이제 막 벗어나는 중이라면, 혹은 아직 그 안에 있다면 다른 사람들에게 통제권을 맡기기가 조금 어려울 수 있다. '브랜드에 집중'할 것을 고집하거나 광적으로 집착할 수도 있다. '동일한 기준이 없다'거나 '회사를 잘못 해석하는' 사람들에 대해 걱정하기도 한다.

메시지를 통제하는 것에서 섬기는 리더십으로 사고방식을 옮겨보기 바란다. 이것은 큰 커뮤니티든 작은 커뮤니티든 반드시 필요한 일이다. 자발적인 참여자를 리더로 양성하는 것은 그저 커뮤니티를 이끄는 여러 방법 중 하나가 아니다. 장기적으로 고객들과 관련성을 유지하고 커뮤니티를 지속시키는 유일한 방법이다. 커뮤니티가 한 명의 리더에게 의존하고 있다면 불확실성이 발생하거나 변화하는 세상에서 언제든 무너질 위험이 있다.

뛰어난 커뮤니티 리더는 촉매제로 작용해 커뮤니티가 그 목적의식을 달성할 능력을 더욱 높인다. 그런 촉매제는 쉽게 발견할 수 있는

게 아니다. 당신이 할 일은 관심을 기울이고, 그런 사람들을 찾아내고, 그들이 필요로 하는 구조와 지원을 제공하며, 훨훨 날 수 있게 돕는 것이다.

구성원의 '눈'을 바라봐라

감정의 연속체에 대해 이야기했을 때 대부분의 인터넷상 연결은 약한 관계 사슬이라고 표현했다. 엑스나 인스타그램 팔로워들은 당신의 콘텐츠에 좋아요나 하트를 눌러 줄 수 있지만 그들을 대상으로 무언가를 바로 실행하기는 어렵다. 잠재적인 기회와 뜻밖의 연결, 새로운 아이디어를 가져다줄 수 있다는 점에서 그들도 중요하지만 커뮤니티는 그 이상의 의미 있는 정서적 유대를 키워 준다는 것이다. 이렇게 할 수 있는 가장 강력한 방법 중 하나는 바로 실제 생활에서 사람들을 한데 모으는 것이다.

나의 커뮤니티가 처음 생겨난 것은 내가 주최했던 더 업라이징The Uprising(마케팅 쿠데타는 본래 봉기uprising에서부터 시작되지 않는가)이라는 이름의 마케팅 워크숍이었다. 이 리더들을 한데 모을 때만 해도 커뮤니티를 시작할 생각이 없었다. 오히려 마케팅에서의 몇몇 문제를 해결하던 중이었다. 대부분의 마케팅 행사는 반복에 초점을 맞춘다. '페이스북 광고, 콘텐츠 마케팅, 유튜브 조회수를 어떻게 조금 더 개선하고 발전시킬까'처럼 말이다. 하지만 앞으로 2년이 지나면 마케팅이라는 일 자체를 더 이상 구분하지 못하게 될 것이고, 누구도 마케팅을 거론하지 않을 것이다. 그래서 앞으로 어떤 일이 일어날지 이야기를 나누기 위해 몇 명의 똑똑한 친구들을 초대했고, 모여서 토론을 했다.

그런데 무언가 다른 일이 벌어졌다. 놀라운 일이었다.

클레이턴 크리스텐센 인스티튜트 Clayton Christensen Institute의 내 친구 루스 하트 Ruth Hartt가 말했다. "원래 더 업라이징에 오면 많은 것을 배워 간다는 걸 알고 있었어요. 하지만 29명이나 되는 새 친구를 사귀고 갈 줄은 몰랐네요."

마이애미 젬스 그룹 Gems Group의 CEO 카를로스 오라마스 Carlos Oramas는 내게 이렇게 말했다. "더 업라이징에 대해서는 사람들에게 설명하기가 어려워요. 미팅도 아니고 컨퍼런스도 아니거든요. 일종의 유대관계죠."

카를로스와 루스의 말이 맞았고, 나는 그러한 유대가 끊어지기를 원치 않았다. 나는 이런 초기 우정의 불씨에 부채질을 했고 그것이 바로 내가 맞이한 커뮤니티의 새벽이었다. 내 커뮤니티 경험에 대해서는 이 책의 마지막 장에서 자세히 소개할 것이다.

이러한 유대감은 온라인 행사를 통해서는 절대 만들어질 수 없었을 것이다. 밤에 모닥불 앞에서 얼굴을 마주보고 앉고, 식사하면서 이야기를 나누고, 마케팅의 미래에 대해 까다로운 토론에 참여하는 것이 내 커뮤니티를 만드는 데 첫 불씨가 되어 주었다.

대부분의 거래가 온라인에서 이루어진다고 하더라도 대면 행사가 첫 커뮤니티에 어떤 도움을 줄 수 있을지 생각해 보라.

커뮤니티 마케팅

커뮤니티 통제권을 구성원과 공유해라

이 책의 핵심 교훈 중 하나는 커뮤니티가 스스로를 이끌도록 놔두는 것이 중요하다는 것이다. 하지만 통제권을 내어 준다고 해서 책임을 지지 않아도 된다는 뜻은 아니다. 효과적인 브랜드 지킴이는 커뮤니티 공동 창조자로서 참여해 사람들이 번창할 수 있는 조건을 마련하는 데 도움을 주어야 한다.

통제의 요소는 커뮤니티가 어떻게 조직되느냐에 따라 달라질 수 있다. 당신이 만드는 커뮤니티의 유형은 회사 문화에 의해서도 결정될 수 있다.[4]

- **개방형** 회원이 원하는 대로 쉽게 커뮤니티에 가입하고 쉽게 떠날 수 있다. 회원 간 의사소통이 자연스럽게 실시간으로 이루어지며, 콘텐츠가 회사의 제한이나 통제로부터 자유롭다. 회사는 참여하기는 하지만 영향력이 미미하며, 질문에 답하거나 때론 무언가를 조정하는 정도다(예: 애플 토론방).

- **분별형** 회원이 되려면 가입이 필요하나 그렇다고 해서 커뮤니티에 받아들여지는 것이 보장되지는 않는다. 또한 회사가 사용자의 행동을 통제하고 안내한다. 회사는 커뮤니티에서 활발한 역할을 수행하며 대화와 활동에 자주 참여하고 이를 규제한다(예: 포드 SYNC 포럼).

- 제한형 커뮤니티 멤버십이 고객이나 일부 요건을 충족한 사람들로 제한된다. 신규 회원은 가입비를 내야 가입할 수 있다. 회사는 커뮤니티를 세심히 통제하며 회원의 의사소통을 장려하거나 수정하고, 대화에 깊이 참여한다(예: 클럽 닌텐도 3).

네 번째 유형도 있다. **광팬들이 회사의 어떠한 영향도 없이 브랜드와 관련된 자신들만의 커뮤니티를 만드는 경우**다. 예를 들어 디비언트아트DeviantArt는 마블, 디즈니, DC 코믹스 같은 프랜차이즈의 팬아트를 중심으로 하는 커뮤니티 수십 개가 몰려 있는 곳이다. 그곳의 회원들은 어마어마한 아이디어를 매일 쏟아 낸다. 브랜드는 그곳에서 벌어지는 일에 대해 전혀 통제권을 갖고 있지 않다. 말 그대로 브랜드가 전혀 지원하지 않는데도 브랜드 커뮤니티가 존재하는 것이다.

당신의 브랜드는 준비가 되었는가?

한 가지 자신에게 물어보자. 당신의 회사는 커뮤니티를 만들고 운영할 만한 기업 문화를 갖추었는가? 그렇기를 바란다.

하지만 그런 문화가 없다면 어떻게 해야 할까? 여기 기업 문화에 대한 중요한 진실이 한 가지 있다. 이런 새로운 시도를 얼마나 중요하게 생각하든 문화를 바꾸는 풀뿌리 움직임 같은 것은 없다는 것이다. 회사의 변화는 모든 부서 예산과 커뮤니티 프로그램을 뒷받침할 전략에 책임을 지는 높은 사람의 지원을 받아야만 한다.

하지만 좋은 소식도 하나 있다. 대부분의 리더들은 고객과 관계를 맺고 싶어 한다. 그들은 이 힘든 기업 세계에서 승리하려면 조직을 전진시키고 혁신적인 방식을 추구해야 한다는 사실을 이미 알고 있다.

이 책에서 내세운 커뮤니티를 구축해야 한다는 주장의 근거들은 내 의견이 아니다. 어마어마한 양의 믿을 수 있는 전문 연구에서 나온 통찰이다. 설득력 있으며 동시에 진실이기에, 예상컨대 대부분의 리더들은 이 책에서 내가 제시한 기회들을 이해하고 열렬히 받아들일 것이다.

커뮤니티 운영을 회사에 거부당할 것을 대비한 또 다른 선택지는 이벤트성 프로젝트를 요청하는 것이다. 커뮤니티 초기에는 운영에 돈이나 시간이 그리 많이 들지 않는다. 6개월이나 1년 정도 이 책에 나온 아이디어들을 시도할 수 있는 시간을 달라고 요청해 성장하고 배우며, 자신의 조직과의 관련성을 평가하는 것이다. '쉬운 성공'으로서 커뮤니티에서 나오는 설득력 있는 이야기를 찾고, 정기적으로 소통하며, 이 새로운 프로젝트에서 점점 커져 가는 고객 사랑에 대해 다른 사람의 관심을 끌어라.

다음 장에서는 커뮤니티 구축의 첫 단계를 시작할 것이다. 당신의 예상과 달리 사람이나 플랫폼에서 시작하지 않는다. 출발점은 바로 목적의식이다.

JWB, 커뮤니티의 유대가 투자로 이어지다

요약: 부동산 커뮤니티가 4,000만 달러 상당의 회사 매각을 이루어 낸다.

친환경 빌딩 전문가로 활동하다 슬럼프에 빠져 있던 파블로 곤잘레스[^Pablo Gonzalez]는 인생 최악의 위기를 맞았을 때 인생을 바꿔 놓을 수 있는 커뮤니티의 잠재력에 눈뜨게 되었다.

"몇 년 전 제 형이 세상을 떠났습니다. 정말로 참담한 일이었어요. 그런데 형의 장례식에 1,200명이나 되는 사람들이 찾아와 너무나도 놀랐습니다. 이 가톨릭 집단이 바로 형의 커뮤니티였던 거죠. 그 사람들은 어마어마한 사랑과 지원으로 형을 보듬었습니다. 그 점에서 저는 반항아였어요. 저는 아주 독실한 가톨릭 집안에서 자랐는데 가톨릭과 애증 관계에 있었거든요. 그런데 이 힘든 일을 견딜 수 있게 만들어 준 것이 바로 형의 성당 커뮤니티였습니다. 제 삶에서 이 보다 더 큰 가치를 떠올릴 수가 없었고, 이제 이 커뮤니티를 영영 떠날 수 없을 것이라는 걸 깨달았습니다. 그때 바로 사업 모델로서 커뮤니티를 탐구하자는 집착이 시작되어 아직까지도 연구 중이죠." 파블로가 내게 해 준 말이다.

나는 전작인 《누적이익Cumulative Advantage》에서 무작위로 발생하는 사건들이 활기를 되찾아 줄 새로운 모멘텀의 원천이 될 수 있다고 설명한 바 있다. 그 후 파블로는 자신의 미래와 커뮤니티를 향한 두 번째 무작위 넛지(원래 '슬쩍 찌르다', '주의를 환기시키다'라는 의미의 단어지만, 타인의 선택을 유도하는 부드러운 개입을 의미하기도 한다. 리처드 탈러[Richard H. Thaler]와 캐스 선스타인[Cass R. Sunstein]의 책 《넛지》를 통해 널리 알려졌다―옮긴이)를 경험하게 된다.

파블로의 회사 CEO는 마이애미의 명망 있는 경제 개발 기관 앞에서 연설할 기회가 있었다. 하지만 마지막 순간에 그는 파블로를 대신 보내기로 결정했다. 그 덕분에 파블로는 시스코와 세계은행의 지도자들과 함께하는 프로그램에서 주목받을 수 있었다. 그가 연설을 끝마치자 마이애미에서 비영리 단체들과 함께 그가 이룬 성공적인 커뮤니티 실험을 바탕으로 한 '가치 통합 비즈니스 개발'에 대해 많은 리더들이 더 자세히 배우고 싶어 했다. 이것은 다시 플로리다주 잭슨빌의 소프트웨어 스타트업을 위해 그 성공 모델을 설명할 기회로 이어졌다. 당시 파블로는 업계에서 흔히 사용되는 통제형 영업 기법에 의존하지 않는 새로운 마케팅 방식을 실험하고 있었다.

이제는 더 큰 캔버스에 그림을 그릴 때가 되었다. 그의 커뮤니티 아이디어를 시험해 볼 때가 된 것이다.

커뮤니티를 기반으로 한 사업

"저는 커뮤니티 창출이 곧 사업 개발의 미래라는 걸 증명하고 싶었습니다. 이 아이디어를 모든 사람들에게 납득시키려 애썼죠. 하지만 커뮤니티가 사람들에게 '월요일 아침의 문제'가 아니라는 걸 깨달았습니다. 그러니까 월요일 아침마다 '커뮤니티는 어떻게 하지?'라고 고민하는 사업주가 없다는 뜻이에요. 그건 우선순위가 아니었습니다.

그즈음에 잭슨빌의 JWB 부동산 캐피털 ^{JWB Real Estate Capital}의 공동 창립자이자 최고마케팅책임자^{CMO}인 그레그 코언^{Gregg Cohen}을 만났습니다. 그는 마케팅 캠페인을 확대하기 위한 효과적인 콘텐츠 전략을 짜는 데 실패한 상태였어요. 그 회사는 일괄 수주 방식의 부동산 투자사인데 더 많은 사람에게 회사를 알릴 수 있다면 더 큰 성공을 거둘 수 있으리라고 생각하고 있었습니다. 당시 그의 사업 실적 대부분은 큰 비용이 드는 소개 업체로부터 나오고 있었기 때문에 변화가 필요했죠.

저는 그에게 고객들을 매주 인터뷰할 수 있는 일종의 쇼를 제안했어요. 그것을 이용해 '부동산이 효과적인 투자 전략이자 재정적 독립으로 가는 길'이라는 사실을 교육하는 거죠. 차이가 있다면 매주 줌 ^{Zoom}으로 연결해 실시간으로 진행하는 것이죠. 그렇게 하면 단순히 시청자에게 쇼를 방송하는 것이 아니라 양방향의 인간관계를 쌓을 수 있게 됩니다. 평범한 방식으로 콘텐츠를 만드는 것이 아니라 아주 의도적으로 커뮤니티를 구축하는 것이 돼요. 그리고 참가자들도 무대의 일부를 차지할 수 있다고 느낄 수 있게 만들었어요. 우리가 **그들을 향해 이야기하는 것이 아니라 그들과 함께 이야기하는 것**처럼요."

파블로는 그 회사의 기존 잠재 고객들에게 연락해 줌 실험을 시작했다.

"이 회사는 많은 사람에게 큰 이익을 안겨 준 곳이었어요. 그래서 새로운 쇼에 대해 초기 관심을 일으키기가 쉬웠어요. 페이스북 그룹에 100명 정도가 즉시 가입했고, 첫 쇼에 15명이 참석했어요.

초기에는 제 고객뿐만이 아니라 커뮤니티 회원들도 빠르고 손쉽게 성공을 거둘 수 있도록 만드는 것이 중요했어요. 모멘텀과 자부심을 높여 그것이 효과가 있다는 것을 사람들이 알아볼 수 있게끔요. 그래서 매주 자잘한 성공을 많이 축하하는 시간을 가졌죠.

첫해가 끝날 즈음에는 페이스북 그룹에는 거의 3,000명이 모였고, 매주 쇼에 참석하는 단골도 35명쯤 생겼어요. 연말 감사 쇼에서는 너무나도 많은 사람들이 우리가 그들의 삶에 어떤 가치를 주었는지, 이 커뮤니티가 얼마나 큰 의미인지 말해 주었죠. 다른 회사도 아닌 부동산 회사에 감정적인 연결을 만든 겁니다.

그렇게 해서 새로운 투자에 4,000만 달러를 모았어요. 대부분 우리의 최고 팬이자 커뮤니티에서 가장 활발히 활동하는 25~30명 정도의 투자자로부터 나온 거예요. 이제 회사의 새 고객 중 약 65퍼센트가 이 커뮤니티를 통해 유입되고 있어요. 그들의 유치 비용은 약 500달러 정도인데 이전에 그 회사가 소개 업체에 지불하던 금액은 6,000달러도 넘었으니 대단한 성과죠.

이제는 사람들을 한데 모을 시간이 되었어요. 우리는 잭슨빌에서 작은 미팅을 계획했고 여러 주에서 사람들이 모여들었어요. 그리고 각자의 주에서 그들만의 미팅을 개최하고 싶다고 제안했죠. 그래서 저희는 '좋아요, 그렇게 합시다'라고 대답했습니다. 그렇게 해서 캘리포니아, 시애틀, 덴버, 피츠버그에서 우리 커뮤니티 회원들이 주도하는 행사를 열었어요. 케이터링 비용 정도만 들여서 커뮤니티 미팅을 주최해 새로운 친구들을 고객으로 바꾸게 된 겁니다.

잭슨빌에서 열린 최근의 행사에 50명이 자비로 찾아왔고 20명의 현지 고객들과 함께 시내 관광과 술자리 시간을 가졌어요. 다들 온라인 줌을 통해 친구가 된 사이였죠. 커뮤니티 친구들이 실제로도 만나는 건 정말 잊지 못할 경험이었어요.

여기에서 성공을 가져다준 주된 요소는 기업 문화였습니다. JWB는 커뮤니티를 구축하려는 제 노력을 지원해 줬을 뿐만 아니라 매 단계마다 적극적으로 참여해 주었어요. 커뮤니티에 노력을 들일 가치가 있을까 하는 망설임은 전혀 없었죠." 파블로의 말이다.

파블로는 이제 자신의 마케팅 컨설팅에서도 커뮤니티를 핵심으로 삼고 고객사 포트폴리오를 늘려 가고 있다.

"콘텐츠나 광고를 통해 우리 회사가 얼마나 좋은 곳인지 하루 종일 떠들기보다는 커뮤니티에서 멋진 사람들에게 환한 빛을 비춰 주는 것이 훨씬 더 효과적이고 보람 있는 일입니다!"

7장
목적의식에서부터
시작해라

좋아하는 커뮤니티를 하나 떠올려 보라. 교회도 좋고, 페이스북 그룹도 좋고, 동창회나 전문가 집단도 좋다.

당신은 왜 그곳에 속해 있는가? 무언가를 구입하기 위해서인가? 누군가의 브랜드 콘텐츠를 소비하기 위해서인가? 당연히 아닐 것이다. 당신은 비슷한 생각을 가진 사람들을 만나기 위해 거기 들어갔다. 제품이 아닌 목적의식을 위해 그곳에 자발적으로 속한 것이다.

데이나 맬스태프는 보스 맘 커뮤니티에 강좌와 컨설팅, 코칭을 판매하지만 그것은 자녀들과의 시간을 포기하지 않고도 성공을 갈망하는 야심찬 엄마 사업가들을 지원한다는 보스 맘의 의미 있고 영향력 넘치는 **목적의식의 부가 상품**에 불과하다.

참으로 흥미로운 역설이다. 마케팅의 미래에 최소한 전통적인 의미의 마케팅이 없으니 말이다.

사실 커뮤니티에서 판촉 활동이나 전통적인 마케팅을 강력하게 시도하면 사람들은 도망칠 것이고 당신의 커뮤니티는 실패할 것이다.

마케팅 맥락에서 커뮤니티를 최적화하려면 기존의 많은 마케팅 개념들을 버리고, 지휘나 통제하고 싶은 충동을 내려놓아야 한다. 내게 커뮤니티를 만든다는 것은 목표 지향적 마케팅에 대해 대학원에서 배운 교훈들을 다시 생각해야 한다는 뜻이었다. 시간이 지나면서 나는 더 이상 내 브랜드를 세상에 강요할 것이 아니라 그것이 다른 사람들을 통해 매일 공동 창조되고 있다는 사실을 이해해야만 했다.

누구도 커뮤니티를 단독으로 통제할 수 없다. 한때 '브랜드란 회사가 대중에게 전달하는 것'이었다. 하지만 지금은 거의 모든 매출이 추천과 리뷰, 그리고 믿을 수 있는 친구와 인플루언서들의 후기로부터 나오고 있다. 오늘날 사람들은 서로서로 브랜드에 관해 알려주고 정보를 공유하고 있다. 그렇다면 그런 마법과 같은 대화가 이루어질 수 있는 안전한 공간을 제공하는 것이 좋지 않겠는가?

유명한 브랜드 커뮤니티가 많지만 여기에서는 자세히 다루지 않았다. 솔직히 그들의 이야기는 너무나도 널리 알려져 있기 때문이다. 하지만 몇몇 기업의 **커뮤니티 목적의식**을 소개하는 것은 이 장의 중요한 주제를 설명하는 데 있어 유용할 것이다.

- 할리데이비슨은 미국에서 그 어떤 회사보다도 많은 오토바이를 판매한다. 이 기업이 제시하는 목적의식은 "모터사이클을 타는 경험을 통

해 꿈을 이루도록 돕는 것"이다. 사실 이것은 '나쁜 남자가 되고 싶은 가요? 좋아요. 저희가 나쁜 남자가 되도록 돕겠습니다'를 조금 예의 바르게 표현한 것이나 다름없다. 맨 위부터 아래까지 회사의 모든 부서는 고객들이 멋진 모습을 보일 수 있게 돕는다. 그 결과 그들은 세상에서 가장 충성스러운 커뮤니티 중 하나인 HOG, 할리 소유자 그룹**Harley Owners Group**을 갖게 되었다.

- **파타고니아**라는 단어를 들으면 책임감 있는 아웃도어 이미지가 떠오른다. 그들의 커뮤니티인 파타고니아 액션 웍스의 목적의식은 대담하게도 "우리는 지구를 구하는 일을 한다"이다. 2022년 이본 쉬나드**Yvon Chouinard**는 자신이 49년 전에 세운 회사의 소유권을 내놓았다. 이제 그 회사의 이익은 기후 변화에 대항하는 데 쓰인다.

- **코카콜라**는 갈색의 설탕물을 바탕으로 음료 왕국을 세웠다. 고객의 충성심은 너무나도 깊어서 코카콜라의 굿즈를 수집하는 데 전념하는 거대한 커뮤니티들이 존재한다. 많은 이들에게 코카콜라는 단순한 청량음료 이상의 의미를 갖는다. 코카콜라의 목적의식은 "긍정과 행복의 순간을 가져다주는 것"이다. 산타클로스와 장난기 넘치는 아기 북극곰, 해변에서 즐기는 행복한 피크닉과 동일시되는 회사를 좋아하지 않을 사람이 어디 있겠는가?

고객의 일상과 관련성을 찾아라

유명 기업들은 대담하고 강렬한 목적의식을 가지고 있으며 하나
의 소비자 목표를 향해 회사의 모든 자원과 방향을 같이 한다. 회사의
목표가 아니라 소비자 목표다.

효과적인 커뮤니티 목적의식은 분기별 매출 목표와 다르다.

- 독특하고 아름다운 양초 공급
- 보험 업계에서 최고의 고객 서비스 제공
- 이 지역에서 가장 낮은 가격의 자동차 공급
- 가장 다양한 햄 제공

목적의식이 위와 같은 것이면 커뮤니티를 만드는 데는 실패하게
될 것이다. 이러한 이유로 한데 모이고 싶어 하는 사람은 없기 때문이
다. 이런 것들은 광고에서라면 훌륭하고 중요한 가치 제안이 될지 몰
라도 커뮤니티 형성에는 효과적이지 않다.

이것은 이 책에서 가장 중요한 개념이다. 오늘날의 소비자는 당신
의 브랜드가 마케팅을 통해 자신을 조금이라도 조종하려 든다고 느낀
다면 당신을 차단하고, 막고, 달아날 것이다. 팔고, 팔고, 또 팔려 하
지 말고 돕고, 돕고, 또 도와야 한다.

할리데이비슨이 전형적인 자동차 판매 회사처럼 행동했다면 지
금과 얼마나 달랐겠는가? 기본적으로 그들의 핵심 사업은 교통수단

을 판매하는 것이다. 하지만 할리데이비슨은 달갑지 않은 영업 전술과 스팸 메일, 연말연시 세일, 공격적인 광고로 구매를 부추기지는 않는다.

그들은 그럴 필요가 없다. 그룹 라이딩과 만남을 통해 만들어진 깊은 정서적 유대감으로 고객들이 각자의 꿈을 이루도록 도우며 성공을 거두고 있기 때문이다. 사우스다코타주 스터지스^{Sturgis}에서 열리는 할리데이비슨의 연례 행사에는 자그마치 70만 명이나 되는 라이더들이 모였다. 일주일간 모인 사람들의 수는 그 주의 가장 큰 도시 인구의 세 배나 되었다.

마케터들은 대부분 인구통계학을 바탕으로 특정 소비자를 표적으로 하는 데 익숙하다. 하지만 커뮤니티는 이와 다르게 비슷한 관심사와 가치관을 공유하는 사람들에게 초점을 맞춰야 한다. 즉 '관련성을 공유하는' 커뮤니티여야 한다는 말이다.

예를 들어 가정용 보안 시스템 회사는 보통 안전에 신경을 쓰거나 범죄율이 높은 지역에 사는 사람들을 표적으로 삼는다. 하지만 실제로는 '자신이 출근한 동안 반려동물을 살펴보기 위해' 보안 카메라를 원하는 이들이 많다. 그렇기에 보안 시스템 회사라면 반려동물을 키우는 사람들의 커뮤니티 속에 뛰어들면 좋을 것이다(아니면 커뮤니티를 하나 새롭게 만들거나). 왜냐하면 여기에 공유된 관련성이 있기 때문이다.

이렇게 관련성에 초점을 맞추는 것은 앞으로 자라나는 소비자 세대에게 특히 중요하다. 젊은이들은 가시적인 변화를 향해 노력하는 브랜드와 어울리고 싶어 한다.

리처드 에들먼^{Richard Edelman}의 조사에 따르면[1] 14~17세 인구의 거의 3분의 2와 18~26세 인구의 62퍼센트는 인종 차별, 기후 변화, 양성평등과 같은 문제를 해결하기 위해 애쓰는 브랜드들과 협력하고 싶어 한다. 십대 청소년 84퍼센트가 신념에 따라 구매 결정을 한다고 답했다. 브랜드 선택을 통해 행동주의를 실천하는 것이다. 그들은 더 나은 사람으로 만들어 주겠다고 광고하는 브랜드보다 '세상을 더 나은 곳으로 만들어 주는' 브랜드를 두 배나 더 선호한다.

목적의식을 정하는 질문 15

이렇듯 사람들을 한데 모아주는 목적의식의 규명은 커뮤니티에 있어 대단히 중요하다. 어떻게 하면 사람들이 커뮤니티에 모이고 싶어 할 의미 있고 고무적인 이유를 만들 수 있을까?

많은 경우 고객과 이해 당사자들은 다음과 같은 이유로 이미 당신의 커뮤니티를 좋아한다.

- 무언가를 배우기 위해
- 무언가를 바꾸기 위해
- 무언가를 느끼기 위해
- 성장하고, 더 행복하고, 더 부자가 되기 위해

- 친구들과 공유된 경험을 만들기 위해
- 당신의 브랜드를 믿기 때문에 거기에 속하기 위해

목적의식을 확립하는 것은 대단히 중요하지만 너무 많이 생각할 필요는 없다. 커뮤니티 목적의식은 이미 온라인이든 오프라인이든 당신 주변에서 깨어나고 있을지 모른다. 좋아하는 제품과 기업을 대상으로 자발적으로 만들어진 커뮤니티의 사례가 벌써 수두룩하다. 그런 불꽃에 부채질을 해라. 어쩌면 당신 브랜드의 커뮤니티가 당신 없이 먼저 시작되었을지도 모른다.

하지만 '우리는 신선한 고급 햄을 판매합니다'라는 영업 중심적 목적의식을 넘어서는 데 어려움을 겪고 있다면 내가 도움을 주도록 하겠다. 사람들이 당신의 커뮤니티에 모일 이유를 떠올리도록 도와줄 몇 가지 생각들이 다음에 나와 있다. 자신에게 이런 질문을 던져보면 목적의식을 확립하는 데 도움이 될 것이다.

- 우리의 북극성, 나아갈 방향은 어디인가? 우리는 왜 존재하는가?
- 우리 조직이 있음으로 세상이 더 나은 곳이 되는 이유를 명확히 설명할 수 있는가? 우리는 어떤 차이를 만드는가? 사람들은 어떻게 도울 수 있는가?
- 우리의 창립 가치는 구체적으로 오늘날의 세상과 어떤 관련성이 있는가? 그것은 누구와 관련이 있는가?
- 앞으로 우리 조직에 대해 어떤 헤드라인이 쓰이길 바라는가?

커뮤니티 마케팅

- 고객이 지닌 공통적인 특성과 신념, 가치관, 열정 등은 무엇인가?
- 이 같은 특성이 직원들과도 공통적인가? 그것은 회사의 특성에 어떤 영향을 미치며 사람들은 왜 우리를 좋아하는가? 직원들은 우리 커뮤니티의 일원인가? 그들이 커뮤니티를 이끌겠는가?
- 회사의 사명 선언문은 커뮤니티의 목적의식과 같은가? 그렇다면, 혹은 그렇지 않다면 그 이유는 무엇인가? 거기에 생각의 실마리가 있는가?
- 세상이 변화하는 방식은 우리와 우리 커뮤니티를 어떻게 이어 주는가?
- 고객은 왜 우리 제품을 구입하는가? 공유하는 믿음이나 가치 체계 때문인가? 고객은 세상의 비전을 공유하는가?
- 고객이 커뮤니티 구축을 돕는다면 우리의 미래는 어떤 모습일까?
- 커뮤니티는 현재 우리가 부족한 측면을 어떻게 보완해 고객을 섬기고 고객에게 영감을 제공할 수 있겠는가?
- 우리가 관심을 갖는 사람 중에 고립감을 느끼고 있어서 커뮤니티에 소속되는 것이 유익한 사람이 있는가?
- 커뮤니티를 통해서 함께 해결할 수 있는 문제는 무엇인가?
- 우리가 설파하는 것을 실천하는 데 커뮤니티가 어떤 도움이 되겠는가?
- 우리는 누구의 꿈을 실현하는 중인가?

마케팅 맥락에서 이런 질문들에 대해 생각해 본 적이 처음일지도 모른다. 조금 낯설거나 심지어 무서울 수도 있다. 더 많은 제품을 판매하는 일과는 아무 관계가 없는 것처럼 느껴지기 때문이다. 하지만 이런 질문을 보고 신이 나거나 활력이 솟는 사람도 있을 것이다. 어떤 경우든 당신은 상사를 찾아가 '분기별 영업 목표 달성이나 햄의 신선함을 선전하는 것에 중점을 두지 않는 커뮤니티를 만들고 싶습니다'라고 말할 필요가 있다.

하지만 그것이 바로 '성공적인 커뮤니티를 만드는 것이 대단히 유망한' 이유이기도 하다. **아직까지 전략적 마케팅 맥락에서 커뮤니티에 대해 생각하는 사람이 거의 없기 때문이다.**

커뮤니티를 통해 일부러 브랜드를 드러낼 필요는 없다

커뮤니티가 기존의 이상적인 마케팅에서 벗어나는 또 다른 요소는 바로 '브랜드에 중점을 둘 필요가 없다'는 점이다.

내가 《포천》 선정 100대 기업에서 처음 마케팅 커리어를 시작할 때만 해도 우리 부서에는 세 개의 링이 달린 두꺼운 바인더에 담긴 브랜드 플레이북이라는 것이 있었다. 이 두툼한 문서에는 회사 브랜드에 사용해야 하는 글꼴과 색상, 단어, 특성이 구체적으로 적혀 있었다. 어느 정도 규모가 되는 브랜드라면 지금도 다양한 형태로 이러한 스타일북이 존재한다. 고객의 머릿속에 일관된 어조와 형태를 확립시키고 싶어 하기 때문이다.

그러나 브랜드 커뮤니티는 반드시 브랜드에 중점을 둘 필요가 없다(아마도 내가 지금까지 이 책에 쓴 것 중에 가장 말도 안 되는 문장이 아닐까 싶다).

커뮤니티에 속한 사람들은 이미 당신의 브랜드와 제품을 알고 있다. 커뮤니티에 들어왔다는 것만으로 그들이 이미 이 브랜드를 좋아한다는 사실을 알 수 있다. 그러니 적합한 스타일과 로고, 법률에 입각한 제품 설명으로 브랜드의 가치를 납득시킬 필요는 없다.

브랜드를 이끈다는 건 문화적 관련성이라는 끝없는 여정에서 제품을 원하는 방향으로 이끄는 것을 의미한다.

커뮤니티 마케팅의 숨은 역할 중 하나는 사람들의 삶과 관련한 다양한 문제를 브랜드와 연결해 주어 그들이 저마다 새로운 방향으로 나아가게 하는 것이다. 커뮤니티 회원들이 '그어진 선 바깥에 색을 칠하고' 숨겨져 있던 욕망과 충족되지 못한 필요들을 찾아 줄 것이다.

'브랜드에 중점을 둔다'는 개념은 시간이 흐르면서 변화한다. 활기차고 참여도 높은 커뮤니티는 삶의 변화를 이루도록 도와줄 수 있다.

커뮤니티 구성원이 목적의식을 체감하게 하는 법

가끔 내가 가르치는 학부 과정에서 이런 농담을 한다. 소셜 미디어의 경영 사례는 '이리 와 나와 함께 시간을 낭비하자' 이 한 문장으로 요약될 수 있다고 말이다.

그런 말을 하면 항상 쿡쿡 웃는 소리가 돌아오지만 여기에 당신과 당신의 커뮤니티를 위한 중요한 메시지가 숨어 있다. 사람들에게 페이스북 그룹이나 슬랙 채널에서 당신의 회사와 시간을 보내라고 강요할 수는 없다. 무언가 너무 유용하고, 흥미롭고, 고무적이고, 놓칠 수 없고, 동기가 부여되고, 아니면 너무나 대담해서 캔디 크러시 게임을 멈추거나 틱톡 댄스 영상을 잠시 접어두고 당신이 하는 일에 참여하게 만들 만한 것을 제공해 그들의 시간을 얻어야만 한다.

그렇게 하는 가장 좋은 방법은 회원들이 자신과 관련된 목적의식에 어떻게 속해 있고 어떻게 연결되어 있는지 느끼도록 경험을 제공하는 것이다.

커뮤니티는 보통 공유하는 경험을 중심으로 형성된다. 어떤 활동은 혼자 하는 것이 불가능해 커뮤니티가 반드시 필요하다. 혹은 커뮤니티가 혼자 하는 활동을 더 흥미롭고 재미있게 만들어 주는 경우도 있다. 예를 들어 트위치는 비디오게임 플레이어들이 혼자 플레이하면서도 다른 사람들과 상호작용할 수 있게 해 준다. 압력솥 브랜드 인스턴트 팟^{Instant Pot}의 팬들은 함께 새 레시피를 시도하는 걸 좋아한다. 3장의 사례 연구에서 다룬 룰루레몬의 성공 열쇠는 공유하는 피트니스 활동을 통해 만들어지는, 어느 것으로도 대체 불가능한 유대감이다. 고급 패션 브랜드인 가니^{Ganni}는 여성의 임파워먼트와 양성평등 같은 비슷한 가치관을 공유하는 영향력 있고 충성스러운 커뮤니티 #가니걸스^{#GanniGirls}를 만들었다.[2]

과업과 경험, 행사를 통해서도 커뮤니티 목적의식을 활성화할 수 있다. 그룹으로 함께 할 때 더 잘하거나 더 잘 경험할 수 있으면서 회원들이 갈망하는 것은 무엇인가? 공유하는 활동은 커뮤니티의 목적의식을 정의하고 고양시키는 데 어떤 도움이 되겠는가?

목적의식을 활성화할 때는 의도를 가져야 한다. 한데 모이고 협력할 기회는 다음의 요소를 갖춰야 한다.

1. 목적의식

애초에 커뮤니티가 모인 이유와 그 활동을 연결시켜라. 이 특정한 그룹의 사람들이 한데 모일 때에만 가능해지는 목표나 결과는 무엇인가?

2. 참여

사람들을 향해 이야기하는 데 그치지 말라. 사람들이 모이는 건 당신처럼 그들도 열정적이기 때문이다. 그들에게 당신이 공유하는 목적의식에 기여할 기회를 주어라.

3. 반복

인간관계가 자라나려면 시간이 필요하고, 서로 가까워지고 관계에 적극적으로 기여할 때까지 몇 번이고 반복해 만나야 하는 경우도 많다. 성공적인 활동은 입소문을 만들어 다음 번에는 더 많은 사람들을 참여시킬 것이다.

첫 활동이 실패했다면 화이트보드로 다시 돌아가라. 당신의 커뮤니티가 어떤 동기로 모이고 싶어 하는지 이해했는가? 그룹으로서 경험해야 더 흥미롭고, 의미 있는 활동을 소개했는가? 오늘날 세상의 모든 일이 그렇듯 사람들이 계속해서 참여하게 만들고 싶다면 핵심 활동이 그들의 기대치를 넘어서야 한다.

체험 마케팅으로서의 커뮤니티

훌륭한 브랜딩에서 중요한 건 감정이고, 성공적인 커뮤니티는 그 것을 기반으로 번창한다. 브랜드 관련 행사 참여는 단순히 커뮤니티에 대한 관심을 유지하기 위한 수단이 아니다. 그것은 회사와 제품을 향한 헌신을 굳건히 하는 강한 감정을 발생시키기 위한 전략이기도 하다.[3]

체험 마케팅은 이 분야에서 가장 빠르게 성장 중인 학문이다. 오늘날 사람들은 대부분의 마케팅과 광고를 피해 재미있고 몰입되며 감각적인 경험을 하기 위해 모여든다.

내가 예로 들기 가장 좋아하는 체험 마케팅 중 하나는 연례 사우스바이사우스웨스트[SXSW] 컨퍼런스에서 자이언트 스푼[Giant Spoon] 광고 대행사가 열었던 홍보 행사다. 그들은 텍사스주 오스틴 외곽에 HBO 시리즈 〈웨스트월드[Westworld]〉 세트장을 재현해 팬들이 그 드라마에 나온 사람들이나 장소와 상호작용할 수 있게 했다. 팬들은 카우보이 모자를 쓰고 낯익은 TV 세트장의 거리를 걸으며 드라마를 향한 새로운 감정적 연결을 경험했다. 자이언트 스푼은 다른 해에는 〈블레이드

러너〉와 〈왕좌의 게임〉의 몰입형 팬 경험을 만들기도 했다.

〈블레이드 러너〉의 세상이나 〈왕좌의 게임〉 속 대륙 웨스테로스를 구현해 낼 만큼 어마어마한 금액의 예산이 필요한 건 아니다. 소규모라도 중요한 방식으로 실현되게 체험 마케팅을 구현하려면 커뮤니티를 활용하는 것이 반드시 필요하다는 것이다.

나의 커뮤니티에서는 내 도움을 받아 회원들이 계획한 공동 활동을 통해 첫 메타버스 경험을 한 사람들이 많았다. 전에 만나 본 적이 없는 많은 사람들이 가상의 알프스산에서 눈 쌓인 숲을 함께 걸었던 첫 행사를 나는 절대 잊지 못할 것이다. 그중에서도 가장 재미있었던 순간은 내 아바타가 가상의 스키 리프트를 타려 하던 중 리프트가 아바타의 머리를 통과해 지나가 버린 순간일 것이다. 이렇게 공유된 몰입형 경험의 재미는 절대 잊히지 않을 것이며, 그것은 내 브랜드의 커뮤니티 문화를 형성하는 데 도움을 준다.

커뮤니티를 고객 불만에 대응하고 제품 정보를 공유하는 수단으로만 바라본다면 가장 큰 마케팅 기회를 놓치는 것이나 다름없다. 바로 창조와 협력, 당신의 목적의식과 일치하는 공유되는 경험을 통해 고객들과 강한 감정적 유대를 만들 수 있는 기회 말이다.

목적의식 그다음 단계로 나아가기

이제 그 필수적인 커뮤니티 목적의식을 찾는 것이 대단히 중요하다는 것을 깨달았을 것이다. 그렇다고 해서 꼭 맞는 목적의식을 찾는 데 매달리느라 다른 모든 일을 멈춰서는 안 된다.

100퍼센트 완벽하기보다는 일단 시작하는 것이 더 중요하다. 커뮤니티를 시작하면 모이는 사람들이 커뮤니티를 더 좋게 만들어 줄 것이기 때문이다. 그들은 관련성 높은 아이디어와 당신이 생각지도 못한 부분들을 추가할 것이고 그렇게 되면 커뮤니티는 점점 더 멋있어질 것이다.

"커뮤니티를 시작하는 열쇠 중 하나는 개방성이라고 생각합니다. 당신이 모든 정답을 가지고 있지 않아도 사람들이 앞으로 나설 준비가 되어 있다면 더 많은 것을 발견하고 함께 커뮤니티를 키워 나갈 기회가 됩니다. 여러 아이디어를 세상에 내놓고 시험하는 것은 기업 세상에서 피드백을 얻는 흔한 방법이지만 익숙한 사람들과 커뮤니티를 만들 때는 공통의 경험을 만드는 셈입니다." 영국에서 활발한 비즈니스 커뮤니티를 보유하고 있는 마크 마스터스**Mark Masters**의 말이다.

그러니 지금은 조금 불안하게 느껴지더라도 커뮤니티의 사람들을 믿고 일단 최선을 다해 보는 것이다. 배우면서 성장하고, 또 배우면서 성장하라.

그렇게 계속 나아가자. 8장에서는 고객들을 이 커뮤니티라는 열차에 태우는 방법에 대해 알아볼 것이다.

듀 데이트, 살림더미에서 탄생한 커뮤니티

요약: 공통의 문제에 직면한 사람들을 한데 모아 커뮤니티 기반 사업을 시작한 전업주부.

크리스타 록우드Krista Lockwood는 사람들에게 지저분하고 잡다한 살림살이로 가득한 집을 치우는 방법을 가르치며 사업을 시작했다. 불가능한 사업 모델처럼 보일지도 모르지만 그녀의 온라인 커뮤니티에 5만 명의 사람들이 있다는 사실을 알고 나면 훨씬 더 흥미롭게 느껴질지도 모른다.

이 모든 건 7,200킬로미터가 넘는 여정에서 시작되었다. 크리스타 가족이 알래스카에서 플로리다로 이사하게 되어 수년간 쌓인 살림살이를 줄여야만 했다. 어린 자녀 네 명이 있어 집안은 점점 더 어지러워졌고, 집안일에 충분한 도움을 받고 있지 못하다고 느끼자 남편은 물론 심지어 아이들에게까지 원망하는 마음이 커져 갔다. 그녀는 자신이 '집안에서 물에 빠져 죽는 것 같은 기분'이었다고 했다.

장거리 이사가 끝나고 새로운 시작과 함께 잡동사니도 많이 사라졌지만 그녀는 여전히 가족들을 원망하는 마음을 떨칠 수 없었다. 크리스타는 어지러운 집안이 의사소통이 잘 이루어지지 않는 결혼생활에 대한 불만을 감추기 위한 핑계에 불과했다는 사실을 깨달았다.

"집안의 온갖 잡동사니는 남편과 내가 함께 목표를 세운다든가, 서로 대화하는 법을 배우는 것을 막는 장애물이었다는 걸 깨달았어요. 그건 남편과 저의 관계뿐만 아니라 엄마로서 제 자아존중감에도 영향을 미치고 있었죠.

표면적으로는 모든 게 좋아 보였어요. 좋은 집이 있고, 좋은 동네에 살고 있고, 행복한 가족이었죠. 하지만 갑자기 제 생각을 방해하는 더러운 설거짓거리와 밀린 빨래가 사라지자 어린 시절의 해소되지 못한 감정과 경험의 욕구가 갑자기 들끓고 일어나 제 머릿속을 시끄럽게 하기 시작했어요. 그래서 심리 상담을 받기 시작했고 환경에서 어지러움이 없어지니 인간으로서 성장할 수 있는 길이 열린다는 걸 알게 되었어요. 공간에 의미 없는 물건들이 쌓이지 않게 되자 삶에 더 많은 시간과 에너지가 생긴다는 걸 알았죠."

온라인 모임에서 창업 아이디어를 찾다

한편 다섯째 아이를 임신하고, 이사 후 새 친구도 사귀어야 했던 크리스타는 임신한 엄마들을 위한 페이스북 그룹인 '듀 데이트^{Due Date}'를 만들었다.

엄마들은 금세 친구가 되었고 각자의 거실을 영상으로 공유하는

'집들이'를 하자는 아이디어가 나왔다. 단, 집을 미리 청소하지 않고 있는 그대로 보여 주는 것이 원칙이었다.

"제 집을 보여 줄 차례가 되었는데 우리 그룹 사람들이 이런 말을 했어요. '잠깐만요, 크리스타. 아이가 네 명이라고 했잖아요. 바닥에 왜 장난감이 굴러다니지 않죠? 소파에 왜 옷이 쌓여 있지 않죠?' 그들은 그것이 평소의 저희 집 모습이라는 걸 믿지 못했어요. 그래서 집 안의 다른 방들도 보자고 했죠.

저도 깨닫지 못하고 있었지만 플로리다로 이사한 뒤 잡동사니 없이 새 삶을 시작하기로 했을 때부터 집안을 더 이상 복잡하게 만들지 않게 되었던 거예요. 살림살이를 감당할 수 없을 정도로 늘리거나 그에 압도되지 않고 제 삶을 더 온전히 누릴 수 있는 방법을 터득한 거죠. 잡동사니를 줄일 수 있는 유용한 시스템을 개발한 셈이었어요.

듀 데이트 커뮤니티의 엄마들은 모두 어지러운 살림살이 때문에 고생을 하고 있었고, 자신에게 무언가 문제가 있다고 느끼고 있었어요. 그들 모두 고립되고, 무능하고, 외롭다고 느끼고 있었죠. 그리고 그런 감정은 산후우울증과 불안, 너무나도 빨리 자라는 아이들을 지켜보며 느끼는 삶의 덧없음으로 인해 더욱 확대되고 있었어요.

저 역시 그런 감정을 느끼던 때가 떠오르더군요. 하지만 더 이상 그런 기분으로 인해 괴로워하고 있지 않았어요. 우리 집은 정돈되어 있고, 어떻게 하면 정돈된 삶을 살 수 있는지 그 방법을 알고 있었거든요. 그때 전구에 불이 들어오듯 아이디어가 생각났어요. 예전부터 창업을 하고 싶었고, 이런 엄마들에게 정돈된 삶을 사는 방법을 가르칠 수 있었어요.

그게 제 목적의식이 됐죠. 갓 엄마가 된 사람들은 거의 누구나 세탁과 설거지, 장난감 때문에 골머리를 앓고 있어요. 그건 고립감으로 이어지죠. 너무 창피해서 집으로 누군가를 초대할 수 없고, 마음 놓고 외출할 수 있을 정도로 집안이 깨끗하지 않거든요. 저는 그 사람들에게 정리정돈 방법을 가르쳐 주고 싶었어요. 그건 단순한 잡동사니가 아니라 자유로 가는 길을 막는 장애물과 같거든요."

7달러짜리 유료 강의부터 시작하다

크리스타가 새로 연 페이스북 그룹 '마더후드 심플리파이드 Motherhood Simplified'에 처음 가입한 15명은 그녀의 '듀 데이트' 그룹에서 넘어왔다.

"커뮤니티와 유용한 자료 은행으로 이런 공통의 문제와 질문에 답하며 엄마들을 돕고 싶었어요. 미니멀리스트가 되지 않고도 잡동사니를 정리할 수 있게 돕고, 물건에 압도당하지 않고도 가족의 필요를 충족시키기에 충분한 살림살이의 균형을 찾게 해 주는 거예요. 그러면서 동시에 아이들과 보내는 시간을 빼앗기지 않는 사업을 하고 싶었어요.

어떤 식으로 사업이 가능할지는 몰랐지만 일단 시작했어요. 커뮤니티 사람들에게 의지하며 어떻게 하면 그들의 필요를 충족시킬 수 있을지 인도해 달라고 했죠. 그들이 내게 질문하면 나는 대답했고, 그런 식으로 처음 콘텐츠를 만들었어요."

커뮤니티의 참여와 성장을 위해 초반에는 무료로 강의했다. 그리고 며칠간 잡동사니를 치우고 그 결과를 사진으로 찍어 올리는 그룹 챌린지를 열었다. 그것은 성취감과 자부심, 우정을 심어 주었고, 이를 통해 커뮤니티는 점점 성장하며 회원들이 서로를 알아 갔다.

"커뮤니티가 커지면서 수익 창출의 기회도 생겨났어요. 더 많은 사람과 직접 소통할 수 있도록 이메일 명단을 늘릴 필요가 있었죠. 주별 활동이 뉴스레터를 통해 들어오기 시작했어요. 무료 챌린지에 참여하려면 구독하도록 유도했죠. 이메일 시스템의 버그를 해결하고 나니 더 이상은 무료로 강의를 해 줄 필요가 없다는 걸 알게 됐어요. 그래서 시험 삼아 1회 강의에 7달러 요금을 책정해 봤는데 구매하는 사람들이 생기기 시작했어요. 해낸 거예요. 커뮤니티를 통해 실제로 돈을 벌게 된 거죠. 물론 아주 적은 금액이었지만 커피라도 사 마실 수 있잖아요."

현재 크리스타는 세 가지 유료 강의를 제공하는데 그중 가장 비싼 강의는 300달러를 받는다.

성장을 위한 새로운 도약을 시작하다

공유 활동과 그룹 강의를 통해 사람들이 커뮤니티에 애착을 갖기 시작했다. 회원들은 나서서 서로 돕고 커뮤니티의 목적의식에 이바지하기 위한 작은 책임들을 나눠 갖기 시작했다.

그녀에게는 마케팅할 예산이 없기도 했지만(지금도 없다), 입소문을 통해 빠른 속도로 회원들이 늘어났기에 마케팅이 필요조차 없었다. 크리스타는 블로그와 팟캐스트, 핀터레스트Pinterest 페이지를 운영하며 집안 치우기 아이디어를 공유해 회원을 더 모으고 자신의 생각을 전파했다.

"커뮤니티 회원 수가 6,000명에 이르자 다른 이들의 도움이 필요하다는 생각이 들었어요. 제 친구 한 명이 페이스북에서 제 그룹을 보고는 저한테 괜찮은 그룹을 찾았다며 저더러 가입을 권유하더라고요. 그 친구는 그 그룹이 제가 만든 것이라는 걸 몰랐던 거예요. 너무 당황스러웠어요. 제가 리더로 인식되기에는 그룹이 너무 커져 버린 거죠.

메시지나 비전이 사라지는 건 원치 않았지만, 책임을 위임하고 제 일을 나눠 가질 만한 사람들을 정해야 했어요. 그건 힘든 일이었죠.

통제권을 내어 주는 건 제가 했던 일 중에 가장 불편한 일이었던 것 같아요. 하지만 이 정도 규모의 그룹을 관리하려면 더 성숙한 태도가 필요했어요. 그렇게 저는 도움을 청했고, 결과적으로는 아주 잘됐어요."

크리스타는 앞으로 커뮤니티 관리를 위해 풀타임 직원을 채용할 생각이다. 그녀는 자신의 계획대로 수익 창출 전략을 단순하게 유지하고 있다. 가장 인기 있는 과정에 더욱 집중하고, 엄마들의 삶을 단순하게 만든다는 핵심 목적의식을 바탕으로 새로운 프로그램과 후원, 역량을 추가하는 것이다.

8장
어떻게 회원을
모을 것인가?

커뮤니티를 만드려는 비전이 생겼다면 이제는 **누구를 대상으로 할 것인지** 생각할 때다. 대부분의 경우 커뮤니티를 만드는 데는 시간과 인내심이 필요하다. 사업적 혜택이라는 모닥불이 활활 타오르기 전에 불쏘시개가 필요하다는 말이다.

그런 점에서 커뮤니티에 처음 관여하는 사람들이 매우 중요하다. 이런 초기의 영향력은 앞으로 나아갈 방향과 분위기를 잡는 데 도움을 준다. 그런 다음에는 커뮤니티가 정체되지 않도록 해야 한다. 새로운 회원이 추가되면 보통 커뮤니티의 사업적 혜택이 확대된다. 마케팅 전략의 일환으로 첫 커뮤니티 회원을 모으는 방법에 대해 몇 가지 기본적 개념을 살펴보도록 하자.

커뮤니티의 소속감은 신뢰를 바탕으로 한다

커뮤니티는 의도적인 전략 없이 유기적으로 만들어지기도 한다. 유명인이나 운동선수, 예술가의 팬클럽이 흔한 예다. 팬 커뮤니티는 기업체를 대상으로 생겨나기도 한다. 누텔라, 존 디어^{John Deere} 트랙터, 심지어 퀵 트립^{Kwik Trip} 주유소 등이 여기에 속한다.[1]

"누군가가 어느 주유소가 가장 좋은지 토론을 시작해서 저는 퀵 트립 편을 들 수밖에 없었어요. 이야기가 이어졌고, 조금 지나니 좋아요가 수십 개 달리고 커뮤니티를 '만들면 바로 가입하겠는데요' 하는 댓글들이 올라왔죠. 그래서 페이스북 그룹을 만들었더니 정말로 가입자가 생겼어요. 한 달도 안 되어 회원이 2만 명까지 늘어났죠." 위스콘신 퀵 트립 커뮤니티를 처음 만든 마이크 테스타^{Mike Testa}의 말이다.

이 커뮤니티는 브랜드를 향한 고객의 광적인 사랑을 잘 보여 준다. 회원 두 명은 퀵 트립 문신도 있다. 또 다른 회원은 자기 게시글이 좋아요를 5,000개 받으면 퀵 트립 주유소에서 결혼식을 올리겠다는 공약을 했다. 글은 결국 1만 2,000개의 좋아요를 받았고, 그 커플은 정말로 주유소 편의점에서 결혼식을 거행했다. 마지막으로 확인했을 때 위스콘신 퀵 트립 팬클럽의 회원 수는 10만 5,000명이나 되었고, 굿즈도 판매하고 있었다.

당신의 사업체에 이런 커뮤니티가 생겨나는 행운이 있었다면 정말 잘된 일이다. 하지만 아마도 의도적이고 체계적이며 지속적인 마케팅 전략의 요소로서 커뮤니티를 개발할 필요가 있는 사람이 훨씬 많을 것이다. 이런 점을 염두에 두더라도 커뮤니티를 키우는 것은 신뢰로부터 시작한다.

최고로 유명한 브랜드 커뮤니티들은 고객과 오랜 유대로 인해 만들어졌다. 디즈니, 미국암협회, 맨체스터 유나이티드, 스타벅스가 대표적이다. 이런 조직들은 의도적으로 커뮤니티 유대를 강화하는 소비자 중심적 태도로 제품과 서비스를 개발한다.

성공적인 브랜드에서 중요한 건 로고도, 광고 음악도, 웹사이트도 아니다. 모든 건 신뢰로부터 시작한다. 당신의 브랜드를 사람들이 중요하게 여기도록 만드는 감정적인 연결 말이다. 신뢰 없이 사람들을 모을 수는 없다.

새로운 마케팅 세상에서 브랜딩은 그 어느 때보다도 중요하다. 작은 사업체나 개인도 강력한 브랜드를 가질 수 있다. 수백만 달러를 벌 필요도, 런던의 광고 회사와 계약을 맺을 필요도 없다. 아마 당신도 인생에서 존경하는 사람들이 있을 것이다. 현명하거나, 친절하거나, 특별히 패셔너블하기 때문일 수도 있다. 당신이 각각의 사람들에게 부여하는 특성이 당신의 머릿속에서 그들의 **개인 브랜드**를 형성한다.

우리는 운 좋게도 디지털 시대에 살고 있어서 누구든 신뢰받고 존중받는 개인 브랜드를 창출하며 우리가 가진 최고의 특성을 확대시킬 수 있다. 강력한 개인 브랜드는 아마 커리어 내내 가지고 갈 수 있는 유일하게 지속 가능한 경쟁 우위가 아닐까 싶다.

동시에 개인 브랜드는 커뮤니티의 중심점이 될 수 있다. 커뮤니티는 한 개인을 향해 모여들 수 있기 때문이다. 그건 당신도 마찬가지다.[2]

신뢰받는 브랜드가 있다고 해서 커뮤니티의 성공이 보장되는 건 아니다. 커뮤니티에 새로 합류하는 사람은 '이곳을 믿을 수 있을까?' 라는 생각을 가장 먼저 하게 된다. 우리도 어떤 커뮤니티에 들어가면 처음에는 그곳이 시간을 보내기에 이상적인 곳인지 확신할 정보가 부족하다. 하지만 일단 믿고 뛰어든다. 소속감을 느끼기 위해서는 브랜드와 커뮤니티 리더, 그리고 궁극적으로 커뮤니티의 다른 회원들을 믿어야 하기 때문이다. 신뢰는 매일 얻어 내야 하는 것이다.

초기 회원은 최초의 리더가 될 수 있다

커뮤니티가 자리를 잡기 시작하면 초기 회원들이 그룹이 나아가는 과정에 즉각적으로 영향을 미치기 시작한다. 이것은 음반을 만드는 것과 비슷하다. 당신이 곡을 썼더라도 음반 제작을 돕는 음악가들의 능력이 최종 결과에 영향을 미친다. 이런 커뮤니티의 초기 회원들은 최초의 리더가 될 가능성이 높다.

커뮤니티에 초대할 사람을 더욱 구체적으로 정하고 싶다면 사업 목표를 염두에 두고 시작하는 것이 좋다.

- 목표가 셀프서비스 커뮤니티를 만드는 것이라면 문을 활짝 열어 문제가 있거나 문제를 해결할 수 있는 사람 모두 참여하게 해야 한다.
- 혁신과 공동 창조가 목표라면 커뮤니티가 가장 재능 있는 사람들에

게 접근할 수 있도록 구성원들의 아이디어를 후원하는 것도 좋다.

- 브랜드 인식을 높이려고 한다면 소셜 미디어에서 당신의 브랜드를 향한 사랑을 이미 전파하고 있는 사람들에게 관심을 집중하라.
- 최고의 고객을 위한 특별한 커뮤니티를 원할 수도 있다. 그렇다면 독점 프로그램과 콘텐츠로 그들의 충성심에 보답할 수 있다.

내 커뮤니티의 주된 관심은 마케팅의 미래를 탐험하는 것이다. 그래서 서로에게 영감을 주고 다양한 분야에 도전하고 개방적으로 생각하는 사고의 리더들을 찾는 것이 중요했다. 또한 그런 환경에서 발전할 수 있으며 내가 원하는 친절과 호기심의 문화를 지지할 수 있는 몇명의 개인적 친구들에게도 도움을 받을 수 있었다.

사람들이 커뮤니티에 가입하는 이유

성공한 커뮤니티들을 연구하면서 발견한 한 가지 공통적 패턴이 있다. 초기 회원들은 친구들, 페이스북 그룹, 북클럽, 충성심 높은 고객들, 팟캐스트 구독자 등 거의 항상 기존에 존재하던 인맥으로부터 나온다는 것이었다.

누가 당신의 신념 체계나 목표를 중심으로 모이겠는가? 커뮤니티의 시작이 당신의 삶 어딘가에 이미 존재하지 않는가?

커뮤니티를 시작한다는 건 당신이 하는 일에 이미 자연스럽게 관심을 갖고 있는 사람들을 하나의 조직으로 모은다는 의미다. 사람들이 왜 커뮤니티를 좋아하는지 연구한 수천 장의 논문에 의하면 개인이 얻을 수 있는 주요 혜택 네 가지는 다음과 같다.[3]

- **대인 관계의 연결** 다른 사람들과 인간관계를 확립하고 유지하면 우정과 사회적 지지, 정체성이 생긴다.
- **사회적 지위 개선** 그룹에 기여하면 개인의 지위에도 이득이 된다. (예상치 못한 지위의 신체 및 심리적 혜택은 9장에서 살펴보도록 하자.)
- **오락적 가치** 커뮤니티 활동은 재미있다.
- **정보 교환** 커뮤니티를 통해 특별한 통찰과 정보에 접근할 수 있다. 또한 사람들이 문제 해결책을 찾고 새로운 자원과 상품, 서비스에 연결하도록 도울 수 있다.

코로나19 팬데믹 초기에 나는 외롭고 고립되었다고 느끼는 친구들과 소통하며 시간을 보냈다. 응용행동과학 학위를 가진 나는 거기서 배운 점을 이런 힘든 시기에 잘 활용할 수 있었다.

한 외로운 젊은이는 내게 이렇게 말했다.

"저는 소프트웨어 개발 커뮤니티에 속해 있어요. 온라인에서 만나서로 돕고 문제를 해결하죠. 그런데 코로나19로 봉쇄되었을 때는 그곳이 친구들과 사회적인 교류를 하는 장소가 되었어요. 커뮤니티 친구들의 사회적 지원이 없었다면 팬데믹을 어떻게 이겨냈을지 모르겠어요."

이 경우 IT 커뮤니티(주로 정보 공유)는 글로벌 위기 동안에 회원들의 대인적 필요를 충족시켰다. 따라서 사람들이 커뮤니티에 참여하는 이유는 위의 네 가지 요인의 조합이 될 수도 있고, 시간이 흐르면서 변할 수도 있다.

언뜻 보면 다른 듯한 다음의 두 가지 사례 연구를 살펴보고 당신의 첫 커뮤니티를 만들 방법을 생각해 보자.

세계에서 가장 큰 커뮤니티 트위치

저스틴 칸$^{Justin\ Kan}$은 세계에서 가장 큰 커뮤니티가 될 최초의 팬들이 바로 자기 눈앞에 있다는 사실을 깨닫기까지 4년의 우여곡절을 겪었다. 초기 팔로워들에게 관심을 주어야 한다는 중요한 교훈을 여기에서 얻을 수 있다.

2007년 저스틴과 세 명의 파트너는 머리에 부착된 웹 카메라를 통해 그의 삶을 24시간 생중계하는 저스틴티비$^{Justin.tv}$를 시작했다.[4] 당시 그의 나이 23세였다.

시청자들은 샌프란시스코 시내를 누비는 그의 삶을 따라다녔다. 저스틴은 가끔 미리 계획한 일(공중그네와 댄스 레슨 등)을 했으나 주로 즉흥적인 상황(길거리에서 전도하는 사람을 만나 그 지역 사이언톨로지^{Scientology} 센터에 따라가기 등)을 촬영했다. 마음을 사로잡는 저스틴의 흥미로운 '라이프캐스팅'은 〈투데이 쇼$^{Today\ Show}$〉 인터뷰를 포함해 많은 언론의 관심을 끌었다.

저스틴은 이러한 실시간 방송에 모멘텀이 생겨나는 것을 인식하고 누구나 웹 카메라와 스마트폰으로 라이브 스트리밍을 할 수 있는 플랫폼을 만들었다.

저스틴은 데이터를 수집했고, 그의 초기 고객들이 축구, 농구, 미식축구 같은 프로 스포츠뿐만 아니라 놀랍게도 비디오게임 스트리밍 시청을 좋아한다는 것을 알았다. 사람들은 각자의 X박스를 인터넷에 연결하고 게임하는 것을 스트리밍하기 시작했다. 그는 그런 가능성은 생각조차 하지 못했었다.

비디오게임 스트리머들은 이 플랫폼에 새로운 에너지를 불어넣었다. 저스틴의 원래 비전에는 그 사람들이 포함되어 있지 않았지만 성장하는 게이머들에게는 부인할 수 없는 모멘텀이 있었다. 점점 더 많은 사람들이 서로의 비디오게임 스트리밍을 시청하게 되자 저스틴과 파트너들은 2011년 게이머 전용으로 새 플랫폼을 열었다. 바로 트위치였다.

오늘날 800만 명의 스트리머들이 '포트나이트'나 '월드오브워크래프트World of Warcraft' 같은 게임을 플레이하며 몇 시간씩 스트리밍을 한다. 이 스트리머들은 또한 각자의 트위치의 하위 커뮤니티를 운영하는데 그 규모가 수백만 명에 달하고 온갖 굿즈 판매와 유료 구독, 광고, 후원 등을 통해 수백만 달러를 번다.

트위치 커뮤니티의 회원들은 하루 평균 90분의 시간을 트위치에서 보내며 이곳을 세상에서 가장 크고 '잘 뭉치는' 커뮤니티로 만

늘었다. 트위치는 게이머 간의 정서적 유대감을 강화하기 위해 여러 이스포츠e-sports 행사장에서 라이브 행사를 주최하고 연례 트위치콘 TwitchCon 행사를 연다.

몇 년 전 아마존은 거의 10억 달러를 들여 이 회사를 인수했으며 저스틴은 평생 다시는 일을 안 해도 될 것이다. 혹시라도 내가 머리에 카메라를 붙이고 돌아다니거나 공중그네 레슨을 받는 모습을 본다면, 이제 그 이유를 알 것이다.

우연히 생겨난 브랜드 팬클럽, 러브쉑팬시 커뮤니티

새로운 커뮤니티를 시작하려면 팬들의 필요에 주의를 집중해야 한다. 설사 그로 인해 색다른 방향으로 나아가게 된다고 하더라도 말이다. 바로 이러한 예가 패션 브랜드 러브쉑팬시LoveShackFancy다.

LSF라고도 불리는 러브쉑팬시는 여성스럽지만 도발적이지 않은 소녀같은 핑크 드레스와 액세서리를 전문으로 한다. 이 브랜드는 분위기와 태도를 판다. 창립자인 레베카 헤셀 코언Rebecca Hessel Cohen 은 이것을 '궁극의 걸스 클럽'이라고 부른다.[5]

이 브랜드는 원래 대규모 소매점을 통해 제품을 판매했는데 고객들이 마치 팬처럼 행동한다는 것을 인식하면서 전략 전체가 완전히 바뀌었다. 매장에 새 제품이 들어올 때마다 여성들이 길게 줄을 늘어서는 것이 아닌가. 게다가 얼마 지나지 않아서는 온라인에서 팬클럽이 생겨났다.

이 브랜드에서 처음 매장을 열자 팬들이 미국 전역에서 몰려들어 마치 갈라 행사처럼 개업식에 참여했다.

배마 러시^{Bama Rush}라는 틱톡 챌린지가 유행하는 동안 팬덤은 더욱 확대되었다. 앨라배마 대학교의 여학생 클럽 신입생들이 자신의 OOTD(오늘의 아웃핏)를 공유하며 "신발은 쉬인^{Shein}, 액세서리는 켄드라 스콧^{Kendra Scott}, 드레스는 러브쉑팬시예요"라고 말하는 것이다.

처음에 러브쉑팬시는 이러한 밈에 어떻게 대처해야 할지 몰랐다.

"'아무한테도 보여 주지 마!' 이게 저의 처음 반응이었어요." 레베카 코언이 말했다. 맨해튼 출신으로 뉴욕 대학교를 나온 그녀는 틱톡에서 무슨 일이 벌어지고 있는지 이해하지 못했다.

"저는 이러다가 스무 살 여자애들만 입는 옷으로 선입견이 생길 수도 있다고 생각했어요. 하지만 계속 보다 보니까 이 새 팬들에 대해서 알게 되더군요."

그들은 방향을 바꿔 우연히 생겨난 듯한 이 팬덤을 더욱 장려하기 시작했다. 앨라배마 이후 마이애미, 휴스턴, 내슈빌처럼 젊은 부유층 주민과 관광객들이 밀집된 남부 도시에 새 매장들이 문을 연 것은 우연이 아니다.

러브쉑팬시는 매장에서 콘서트 같은 특별 라이브 이벤트를 열어 팬들을 모은다. 회사 웹사이트에는 결혼식, 파티, 그리고 물론 대학교 여학생 클럽 행사에서 러브쉑팬시 옷을 입은 팬들의 커뮤니티 사진 수백 장이 게시되어 있다.

이 커뮤니티는 우연히 시작되었지만 지금은 공동 창조와 신제품 아이디어의 중요한 원천이 되었다.

트위치와 러브쉑팬시의 공통점

트위치와 러브쉑팬시는 너무나도 다른 제품과 대상을 보여 주지만 초기 성공에는 공통점이 있다. 두 곳 모두 커뮤니티를 시작할 의도가 없었으나 열정적인 팬들의 힘에 이끌려 빠르게 마케팅 전략을 확장했다는 점이다.

처음 커뮤니티의 속삭임은 이미 '브랜드에 속해 있던' 사람들로부터 들려왔다. 트위치의 경우 게이머들이었고, 러브쉑팬시는 여학생 클럽 학생들이었다. 그들은 커뮤니티 회원을 유치할 필요가 없었다. 관심과 열정이 이미 존재했기 때문이다.

또한 두 회사 모두 초기의 팬 조직 노력을 거부했다. 그들이 생각하는 브랜드의 관점에 맞지 않았기 때문이다. 하지만 브랜드의 의미가 팬들에 의해서 만들어졌고, 아니 어쩌면 재탄생했고 저스틴과 레베카는 모두 그것을 따르면서 거대한 커뮤니티의 성공을 이루어 냈다.

마지막으로 두 경우 모두 회사와 강한 감정적 연결을 강화하는 라이브 행사로 인해 온라인 관계가 더욱 굳건해졌다. 이 책에 나온 많은 사례 연구가 온라인 커뮤니티에 집중하고 있지만 어느 시점에서든 거

커뮤니티 마케팅

의 오프라인 모임이 포함된다. 심지어 퀵 트립 주유소 팬들도 라이브 행사를 연다.

소중한 온라인 친구를 처음으로 직접 만날 때 느끼는 기쁨을 생각해 보라. 그런 특별한 현실의 순간에 브랜드가 촉매제가 된다면 마땅히 그런 감정적 연결의 일부를 브랜드도 누릴 자격이 있을 것이다.

초기 회원 이상으로 커뮤니티를 확장하는 법

레베카와 저스틴처럼 나 역시 소수의 열정적인 사람들이 이제 막 커지기 시작하는 커뮤니티에 씨앗을 뿌려 주었다. 얼마 지나지 않아 우리는 흥미로운 토론과 프로젝트를 열기 시작했다. 하지만 새로운 사람들을 가입시키는 건 여전히 믿기 어려울 만큼 힘들었다.

성공적인 커뮤니티는 사람들의 시간을 필요로 한다. 우리는 텔레비전과 경쟁 중이다. 데이트도, 가족 활동도 커뮤니티의 경쟁자다. 사람의 하루를 채우는 관심거리는 무수히 많다.

커뮤니티 개발 전문가 데이비드 스핑크스David Spinks는 그의 훌륭한 저서 《소속감의 비즈니스The business of belonging》에서 유기적 성장의 어려움에 대해 이렇게 썼다.

"커뮤니티 구축에 대해 이야기할 때 사람들은 장밋빛 그림을 그린다. 커뮤니티를 만들 아이디어를 떠올리고, '첫 행사를 개최하면 마치 들불처럼 번질 것이다. 커뮤니티가 자라고 또 자라서 글로벌 커뮤니티가 될 것이다' 하고 말이다. 하지만 이런 생각은 잘못되었다.

딱 맞는 메시지와 공간, 제대로 된 프로그래밍처럼 적합한 환경만 갖춰지면 사람들이 커뮤니티에 모여들 것이라고 생각하기 쉽지만 실제로는 그렇지 않다. 커뮤니티가 첫날부터 유기적으로 성장한다면 그건 정말이지 극단적인 예외다.

내가 만난 커뮤니티 구축자들은 첫 회원들을 얻기까지 얼마나 힘들었는지 입을 모아 이야기한다. 대부분의 커뮤니티는 작게 시작해 작게 유지되며 처음 창립 회원들 이상으로 절대 확장하지 못한다. 커지는 곳들이 있다면 그건 새로운 회원을 유치하고, 인식을 퍼뜨리고, 다른 제품이나 서비스처럼 커뮤니티를 판매하기 위해 애쓰는 리더들의 직접적인 노력의 결과다. 보이지 않는 내부에 들어가 보면 팀원들이 이리 뛰고 저리 뛰며 이메일을 보내고, 행사를 개최하고, 콘텐츠를 홍보하며 회원 수를 늘리기 위해 할 수 있는 모든 일을 하고 있음을 발견하게 될 것이다. 유기적인 성장을 기대하되 수작업을 통한 성장을 계획해라. 소매를 걷어붙이고 성장하게 만들 태세를 갖춰라."

커뮤니티가 초기 회원 이상으로 커지도록 만들 수 있는 방법은 다음과 같다.

- **놓치면 후회할 것 같은 두려움** 지금까지 내게 가장 효과적인 방법은 커뮤니티의 훌륭한 성과를 외부로 알리는 것이었다. 거의 모든 신규 회원이 "이거 정말 대단하네요. 어떻게 하면 참여할 수 있죠?" 같은 말을 하며 커뮤니티를 찾아왔다.

- **기존 공간에서의 홍보** 당신의 웹사이트에서 커뮤니티를 홍보하고 있는가? 당신의 이메일 서명란은 어떤가? 마케팅 자료와 영업 프레젠테이션, 회사 뉴스레터에서도 홍보하는가? 나는 심지어 매일 업무상 대화와 외부 강연에서도 나의 커뮤니티를 언급한다.

- **직접 참여** 또 다른 효과적인 기법은 개인적으로 커뮤니티를 대변하는 것이다. 나는 다양한 전문가와 매주 소통한다. 내가 직접 내 커뮤니티에 초대하면 그 사람들은 최소한 찾아오는 시도라도 한다. 나의 개인적인 초대가 그들을 특별한 사람처럼 느끼게 하는 것이다.

- **추천 엔진** 온라인 플랫폼도 커뮤니티 성장의 동인이 될 수 있다. 페이스북, 슬랙, 레딧^{Reddit}, 링크드인 등 대규모 소셜 네트워크에서 커뮤니티를 호스팅 중이라면 그들의 네트워크 효과와 추천 알고리즘을 이용할 수 있다. 커뮤니티를 통해 많은 새 회원에게 접근하고 그들을 유인할 수 있는 페이스북에서라면 추천 엔진은 특히 강한 힘을 발휘한다.

- **기존 커뮤니티 활용** 사람들을 커뮤니티로 초대하는 가장 강력한 방법은 이미 거기 속한 사람들로부터 나온다. 다른 사람들의 관심을 끄는 데 필요한 자료를 회원들에게 제공할 수 있는가?

이제 조금 더 깊이 들어가 보자. 우리는 지금 커뮤니티를 모으고 있다. 그런데 이것은 과학이라기보다 기술에 가깝다. 9장에서는 그것이 기존과는 다른 특별한 비즈니스 전략이기도 하다는 사실을 살펴보도록 하자.

커뮤니티 마케팅

유아더미디어, 커뮤니티가 사업 자체가 되다

요약: 영국의 전통적인 B2B 회사가 뉴스레터 구독자들을 활용해 새로운 커뮤니티 기반 사업을 창출하다.

세상의 수많은 다른 마케터들처럼 마크 마스터스도 그럭저럭 성공적인 광고 대행사를 운영하고 있었다. 그는 영국 본머스의 아름다운 해변 도시에 위치한 사무실에서 웹사이트를 만들고, 효과적인 마케팅 콘텐츠를 제공하고, 고객 전략을 작성했다. 그는 책을 썼고 강연도 했다. 하지만 무엇도 사업에 필요한 모멘텀을 만들어 주지 못했다. 클릭당 광고, 세일 프로모션, 소셜 미디어…. 무엇도 이전처럼 투자 대비 충분한 수익을 돌려주지 못했다.

"마치 다른 사람에게 제 돈을 퍼주고 있는 기분이었어요. 효과가 오래 지속되는 걸 만들어 내지 못했어요. 시간이 흘러도 변함없는 결과를 가져다주는 것 말입니다. 그저 이 마케팅 업계의 다른 모든 사람들처럼 하루하루 흘러가고 있었어요. 그저 그런 사람으로요."

마크는 잠재 고객층을 만들기 위해 새로운 무언가를 시도해야 했다. 그래서 2013년에 주간 뉴스레터를 시작했다.

"무엇이든지 판매할 대상 기반을 마련할 생각이었어요. 뉴스레터를 받다 보면 친근함을 느낄 수 있고 연결을 만들어 줄 테니까요. 그게 원래 목표였죠. 돈을 벌 거래 기반을 만들자는 것. 그런데 구독자가 늘어나자 이 지역 구독자 일부가 저를 만나고 싶어 했어요. 그래서 같이 점심식사를 하고 친구가 되었죠. 뉴스레터와 이메일을 작성하는 것보다 이런 사업적 관계를 더욱 돈독히 다져서 주변 사람들을 더 잘 알게 되는 것이 마음에 들었습니다."

뉴스레터로 이어지는 인맥이 늘어났고 곧 마크는 더 큰 규모로 구독자들과 만나게 되었다. 소통과 대화의 수가 늘어나면서 그는 2016년에 런치 클럽을 만들었다. 첫 만남에 22명이 찾아왔다.

"런치 클럽은 비슷한 생각을 가진 사람들을 모아 관심이 있는 비즈니스 주제를 토론하기 위한 모임이었어요. 이것이 돌파구가 되었죠. 뉴스레터 구독자들이 서로를 알아 가더니 커뮤니티로 바뀐 겁니다. 그들이 구독자였을 당시에는 제가 사람들을 일방적으로 도왔지만, 커뮤니티에서는 사람들이 서로를 돕고 있어요."

런치 클럽에서 나누었던 토론 주제, 즉 '빠르게 변화하는 세상에서 생존하고 성공하기 위해 소기업이 필요로 하는 기술' 등은 많은 사람들의 관심을 끌었다. 클럽 회원들이 새로운 사람들을 데려왔고, 런치 클럽이 성장하면서 이제 '유아더미디어You Are The Media(YATM)'라고 불리기 시작한 그 커뮤니티는 더 큰 공간이 필요했다. 그래서 그들은 지역 행사장으로 모임 장소를 바꾸었다.

마크는 마침내 자신의 사업에서 부족했던 모멘텀을 얻게 되었다. 이제는 그 불꽃에 부채질을 할 시간이었다.

커뮤니티는 큰 브랜드만 만들 수 있는 게 아니다

마크는 커뮤니티 브레인스토밍을 진행하며 회원들이 서로 협력할 수 있는 방법을 제시하도록 도왔다. 그는 팟캐스트를 시작해 비즈니스 전문가로 성장하는 사람들을 조명했다. 그리고 커뮤니티에 가장 큰 기여를 하는 사람들을 선정하는 시상식도 마련했다. YATM 회원들이 더 빠르게 성장할 수 있도록 회원들에게 리더십 업무를 맡기기도 했다.

그리하여 2018년, 첫 런치 클럽 미팅이 있고 단 2년 만에 이 커뮤니티는 유서 깊은 본머스 대극장에서 첫 번째 YATM 컨퍼런스를 개최하며 큰 도약을 이룩했다. 기조 연설자는 재능 있고 사랑스러운, 다름 아닌 마크 셰퍼라는 사람이었다.

그렇게 모인 다양한 비즈니스 전문가와 마크 마스터스는 다음과 같은 방식으로 계속해서 소통하고, 만나고, 서로를 도울 새로운 방법들을 만들어 나갔다.

- 교육적인 웹 세미나

- 정보 공유 모임

- 줌을 통한 모임

- 불금 파티(일 이야기 금지)

- 컨퍼런스와 특별 행사

- 워크숍

- 페이스북 그룹

- 칵테일 파티

- 학습 챌린지

그중 몇 사람은 매주 금요일 아침 7시에 모여서 영국해협에서 수영을 하기도 한다. 말 그대로 매주다. 심지어는 한겨울에도 말이다.

"연중 바다 수온이 가장 낮은 날조차도 금요일 아침에 절 일어나게 만드는 건 바로 이 수영이 서로를 향한 약속이라는 사실입니다. 바다에 혼자 들어가는 건 너무 외로워요. 하지만 정말 추울 때도 함께 물에 들어가면 다 함께 비명을 지를 수 있죠. 모두가 얻어가는 게 있어요. 우정, 잊지 못할 인스타그램 사진, 친구들한테 들려줄 이야기 등등. 그게 바로 유대가 되죠." 마크 마스터스가 한 말이다.

이 사례 연구에 특이한 점이 있다면 마크 마스터스가 권력을 가진 위치에서 이 커뮤니티를 시작한 것이 아니라는 사실이다. 마크 마스터스는 널리 알려진 브랜드를 갖지 못했다. 그는 자기 개인이나 사업적 목표보다 커뮤니티의 관심사를 항상 우선시함으로써 한 단계씩 신뢰를 쌓아 나갔다.

"저는 자연스럽게 커뮤니티를 만들어 내는 유명한 사람이 아닙니다. 제 커뮤니티와 함께 나란히 서서 움직였죠. 저는 단지 촉매제에 불과했어요. 커뮤니티를 만드는 건 큰 브랜드만 할 수 있는 게 아니에요."

위기가 기회가 되다

그룹이 점점 더 성공을 거두고 있을 때 작은 위기가 있었다. 한번은 연사들을 초청해 강연을 듣는 행사를 마련했다. 그런데 행사 중에 돌연 정전이 발생했고 행사장에서 대피해야 했던 것이다. 그들은 즉시 길 건너편 술집으로 자리를 옮겨 함께 게임을 시작했다.

"정말 난장판이었어요. 하지만 아무도 떠나지 않았죠. 사람들은 화를 내지 않고 그저 함께 있다는 것에 즐거워했어요. 그날 게임이 너무나도 재미있어서 앞으로 정기적으로 게임 모임을 갖기로 했습니다. 'YATM 게임의 밤'이라는 새로운 전통이 탄생한 겁니다."

행사를 망친 것에 대해 누군가를 비난하는 대신 훌훌 떨쳐 버리고

다 함께 나아갔다. 그날 처음으로 마크는 많은 사람들이 함께 커뮤니티를 짊어지고 가고 있음을 깨달았다. 그들은 하나의 팀으로서 성공하고 때로는 실패하기도 하지만 그럼에도 커뮤니티로서 함께 나아간다. 마크는 런치 클럽이나 하나의 행사 그 이상의 무언가를 만들어 냈다. 하나의 유산을 창조한 것이다.

"그때 저는 전환점에 있었어요. 제 커뮤니티가 바로 사업이 되고 있었던 겁니다. 제 광고 대행사에 쓰던 시간이 커뮤니티에 쓰는 시간으로 바뀌고 있었어요. 제 커뮤니티는 저를 잘 알았고, 그들은 YATM을 알고 있었습니다. 솔직히 말씀드리자면 그들은 지금 제가 운영하는 대행사 이름도 모를 겁니다. YATM이 브랜드가 된 거죠.

통제권을 내려놓음으로서 커뮤니티를 만들 수 있었다는 사실이 조금 이상하기도 합니다. 커뮤니티의 사업 프로세스는 우리가 학교에서 배운 것과 달라요. 성공시키기 위해서 새로운 마음가짐을 갖고 완전히 생각을 바꿔야 했습니다. 저는 사람을 신뢰하는 법을 배우고 이 그룹과 활동할 때 완전히 투명하게 행동하려 노력합니다.

물론 저도 각종 행사와 컨설팅, 후원, 새 고객을 통해 커뮤니티로부터 금전적인 이익을 얻고 있어요. 하지만 저 말고도 모두가 이익을 얻고 있죠. 프리랜서 프로젝트를 따기도 하고, 서로의 팟캐스트에 출연하고, 프로젝트에 협력하고, 아니면 새로운 사업을 함께 시작하는

커뮤니티 마케팅

식으로요. YATM에 속하는 것만으로도 이제는 사람들에게 지위와 신뢰도가 생기고 있습니다.

그리고 저 개인적으로는 자신감을 더 쌓는 데 큰 도움이 되었어요. 밑바닥부터 커뮤니티를 시작하는 건 겁나는 일이었습니다. 하지만 사람들이 계속 참여하면서 서로를 돕고 지지하는 건 정말 기분이 좋아요. 제 자신을 드러내는 법을 배우는 데에도 큰 도움이 되었습니다. 그것이 바로 사람들을 연결해 주는 것이거든요. 저는 이제 다른 사람들이 지켜볼 때에도 편안함을 느낍니다."

적극적으로 나아가다

YATM의 미래는 밝으면서 동시에 불확실하다. 마크는 커뮤니티 기반의 사업을 만들었지만 미래는 그 그룹의 발전에 달려 있으니 엄밀히 말해 잘 정의된 사업 전략은 아니다.

"저는 아직도 배우는 중이고, 여러 사람들의 도움을 많이 받고 있죠. 사업을 할 땐 외롭다고 느끼는 경우가 많아요. 하지만 커뮤니티에서는 사람들이 함께 해결책을 찾아줍니다. 집단의 목소리죠. 다른 사람과 함께라면 더 나은 해결책을 찾을 수 있기 때문에 위험이 상당히 많이 제거돼요. 여전히 사업은 사업입니다. 자선사업을 하는 곳이 아니에요. 그래도 훨씬 더 재미있기는 하죠."

마크는 이 새로운 접근법의 효과를 굳게 믿는다. 그래서 그 지역 대학교에서 YATM 프로그램을 시작하고 젊은이들에게 자신만의 커뮤니티 기반 사업을 구축하는 방법을 가르치고 있다.

"앞으로 5년 뒤에는 어떤 자리에 있을지 모르겠습니다. 하지만 더 나아질 것이라는 것만은 알아요. 제가 시작한 커뮤니티에 제가 속하게 되는 경지까지 이르고 싶습니다. 나이가 들어서도 이 커뮤니티와 함께하고 싶어요. 함께 있고 싶은 사람들이니까요."

9장
마케터를 위한 새로운 마인드셋

마케팅 리더의 자리에 오래 있었다면 커뮤니티 접근법이라는 마인드셋으로 바꿀 때 방향 감각을 잃고 헤맬 수 있다. 아니, 너무나도 이상하게 느껴질 수도 있다.

이 장에서는 커뮤니티 기반 마케팅의 '이점'을 살펴보고 왜 그것이 새로운 리더십 마인드셋을 필요로 하는지 살펴보도록 하자. 성공적인 커뮤니티는 과학보다 기술에 가깝다. 낚시나 사랑, 맛있는 피자처럼.

커뮤니티의 의견을 따르는 건 기존의 훌륭한 마케팅 관리 매뉴얼에서는 문제가 되는 점이 많다. 그것은 통제권과 권력, 대행사 관계, 그리고 우리가 좋아하는 마케팅 대시보드를 혼란에 빠뜨린다. 그리고 이사회 승인을 거친 연도별 마케팅 계획을 완전히 다시 생각하게 만든다. 최고 수준의 커뮤니티는 고객을 마케터로 만들어 버린다.

커뮤니티가 우리의 전통적 마케팅 세계관을 어떻게 흔드는지 살펴보기 전에, 먼저 마케팅 부서에서 가장 중요한 사람을 찾아내는 것부터 시작하자. 물론 최고마케팅책임자를 말하는 것은 아니다.

커뮤니티 관리자는 브랜드의 얼굴이다

커뮤니티를 이끄는 것을 업으로 삼는 사람들이 회사 내에서 어느 부서에 소속되어야 하는지에 대한 의견은 매우 다양하다. 하지만 나에게 묻는다면 그 답은 명확하다. 커뮤니티를 매일 이끄는 사람은 마케팅 부서에 속해야 한다.

그런데 놀랍게도 브랜드 커뮤니티의 리더 중 마케팅 부서에 소속된 사람은 30퍼센트도 채 안 된다.[1]

이상적으로는 조직의 마케팅 리더가 고객 경험의 모든 측면을 감독해야 하는데, 커뮤니티보다 더 중요한 고객 경험은 상상할 수조차 없기 때문이다. 따라서 커뮤니티 부서는 반드시 마케팅에 속해야만 한다.

커뮤니티 관리자는 마케팅 부서에서 가장 중요한 인적 자원일 수 있다. 그들보다 더 경험 많고, 재능 있고, 급여가 많은 직원이 있을 수 있겠지만, 커뮤니티 관리자는 당신 회사의 얼굴이다. 아니, 그보다 더 중요한 일을 할 수도 있다. 고객들의 친구가 되는 것이다.

1956년 사회학자들이 의사인간관계parasocial relationship라는 용어를 만들었다. 뉴스 앵커나 토크쇼 진행자 같은 텔레비전 유명인들과 텔레비전 시청자 사이의 관계를 설명하는 말이었다.

"그런 유명인들에게 놀라운 사실이 있다면 말 그대로 전혀 모르는 사람들과 친밀감을 형성할 수 있다는 점이다. 이러한 친밀감은 본래 그 단어가 갖는 의미를 모방만 할 뿐 실체는 없다 할지라도 그 감정을 기꺼이 공유할 용의가 있는 수많은 사람들에게는 대단히 영향력이 있고 만족을 느끼게 한다."[2] 《정신과학Psychiatry》 잡지에 나온 내용이다.

정의상 의사인간관계는 일방적이지만 진짜 우정처럼 시간이 흐를수록 더욱 깊어질 수 있고, 우리의 일상에서 느껴지는 매력적인 유명인의 존재감에 의해 더욱 강해진다. 이러한 현상은 텔레비전에만 국한된 것이 아니다. 오늘날엔 스마트 기기를 가진 사람이면 누구나 쇼 호스트가 되고, 시청자 집단을 구축하고, 이와 같은 의도치 않은 사랑의 열병을 이끌어 낼 수 있다. 심지어 나 같은 사람도 말이다.

몇 년 전 나는 한 젊은이로부터 매우 구체적이고 꽤 과감한 부탁을 받았다. 그는 마치 가까운 친척인 것처럼 내게 다가왔다. 나는 사람들을 아주 많이 만나기 때문에 과거에 나도 모르게 그에게 약속을 했을 수도 있다고 생각했지만 아무리 애를 써도 그를 떠올릴 수 없었다. 그가 내게 '자신의 상사에게 대중 연설하는 법을 가르쳐 달라'고 부탁했을 때 결국 나는 이렇게 물었다. "혹시 제가 아는 분인가요?"

그러자 그가 멋쩍게 답했다. "죄송합니다. 올리시는 팟캐스트를 모두 듣고, 오디오북도 항상 들어요. 언제나 목소리를 듣고 있다 보니 아는 사람이라고 착각했어요."

그것이 바로 의사인간관계고, 커뮤니티 관리자가 마케팅 부서의 핵심이 되어야 하는 이유다. 고객들은 회사 CEO 이름은 몰라도 커뮤니티 관리자와는 상당한 감정적 유대감을 맺을 수 있다.

그러니 부디 이 부서의 인력과 급여를 줄이지 말고 과소평가하지도 말자.

커뮤니티 내에서의 지위가 갖는 역할

리더십 규범의 또 다른 변화는 지위의 역할이다. 일반적인 직업이나 사회적 환경에서는 지위를 거론하는 것을 금기시(아니면 자아도취로 여겨지거나)한다. 하지만 커뮤니티에 있어서는 지위가 곧 모든 것이다. 지위는 엔진의 연료가 된다.

지위와 성공적인 커뮤니티 사이의 관계를 이해하려면 먼저 인간으로서 성공하기 위해 우리 모두 인정을 필요로 한다는 기본적인 개념을 알아야 한다.

《지위 게임》의 저자 윌 스토Will Storr는 커뮤니티에서의 지위는 개인적 정체성에서 필수적인 부분이라고 말했다.[3]

"우리는 어느 집단의 행동 규칙이 우리와 일치할 때 그 집단에 합류한다. 그 규칙을 잘 따를수록 지위가 더 높이 올라간다. 그 집단의 사람들처럼 옷을 입고, 이야기하고, 같은 종류의 책을 읽기 시작한다.

한 집단에서 지위 상승을 추구하고 또 다른 집단에서는 다른 모습으로 지위를 추구한다. 우리의 개인적 정체성과 지위 게임을 분리해 생각할 수 없다.

연구에 따르면 더 많은 집단에 소속될수록 더 행복하고 정서적으로 안정된다. 마이클 마멋**Michael Marmot** 박사가 수행한 화이트홀 스터디 **Whitehall Study4**에서는 지위 계층에서 아래로 내려갈수록 건강 결과가 나빠지고 사망 위험이 높아진다는 사실이 밝혀졌다. 그런 말을 들으면 바로 이런 생각이 들 것이다. '돈 많은 사람들은 개인 트레이너도 두고, 유기농 음식만 먹으니까 그렇지.' 하지만 그건 사실이 아니다. 맨 꼭대기에서 바로 한 단계만 내려와도 그 사람은 여전히 대단히 부유하고 대단한 특권을 누리는데도 건강상 다른 결과가 나온다.

이러한 지위 신드롬은 성별과 국가에 상관없이 나타난다. 심지어는 동물들 사이에서도 나타난다. 한 연구에 따르면 커뮤니티 지위 계층 꼭대기에 있는 원숭이들은 병에 걸릴 가능성이 다른 원숭이에 비해 더 낮다. 원숭이의 지위가 바뀌었을 때에는 건강상 지위도 바뀌었다. 커뮤니티에서 지위는 우리의 심리적 건강에만 영향을 주는 것이 아니다. 신체적 건강과도 관련이 있다."

모든 형태의 커뮤니티에는 의도했든 의도하지 않았든 지위 체계가 만들어진다. 우리는 좋아하는 집단에서 지위를 높일 수 있는 기회가 보이면 그 커뮤니티에 합류한다. 거기에서 행복감을 느끼기 위해 반드시 지위 계층의 맨 위에 있어야 할 필요는 없다. 나는 내 커뮤니티의 리더로서 새로 합류하는 사람이 있으면 가능한 한 빨리 그 사람들에게 인사를 건네고 활동을 장려하기 위해 노력한다.

지위를 부여하는 것은 단순히 성장하는 커뮤니티를 관리하기 위한 실질적인 수단 이상의 의미를 갖는다. 지위는 커뮤니티(그리고 브랜드)와의 정서적 연결을 만들고, 충성심을 높이며, 브랜드 지지를 육성한다.

지위가 반드시 직함에서 나오는 것은 아니다. 다음과 같은 방식을 통해서도 커뮤니티 회원에게 보상을 주고 자부심을 높여 줄 수 있다.

- 공개적인 칭찬
- 선물
- 브랜드 콘텐츠에 기여 기회
- 커뮤니티 상위 레벨에 접근 권한
- 디지털 배지
- 전문가에 접근 권한
- 행사 초대
- NFT와 토큰 제공

우리 커뮤니티에서는 재미를 더하기 위해 활발히 참여하는 사람들이 영화 〈스타워즈〉에서처럼 제다이, 제다이 기사, 그랜드 마스터로 등급을 구분하는 시스템을 만들었다. 모두 재미를 위해서였는데 한 사람은 이렇게 댓글을 달았다. "제가 제다이 수련생이 되었군요.

아마 무슨 일에서든 이렇게 나이 많은 수련생은 처음일 겁니다. 이번 주에 제게 일어난 일 중에서 가장 신나는 일이에요."

커뮤니티의 리더로서 내가 가장 우선시하는 두 가지는 안전한 협업 문화 유지하기와 회원들에게 지위 부여하기다.

커뮤니티는 고객과의 사회 계약이다

예상치 못한 커뮤니티의 또 다른 측면과 그것이 마케팅 전략에서 수행하는 역할은 바로 암묵적 **사회 계약**이다.

대부분의 마케팅은 수명이 짧다. 광고는 사람들이 볼 수도 있고 못 볼 수도 있다. 링크도 클릭할 수도 있고 클릭하지 않을 수도 있다. 트윗 역시 마찬가지다. 마케팅 캠페인은 예산이 떨어지면 끝이 나고, 그러면 무언가 새로운 것을 다시 시작해야 한다.

하지만 커뮤니티는 오래 지속되고 양방향으로 오가는 정서적 약속이다. 구글은 힘들게 이러한 교훈을 얻었다.

2011년 구글은 페이스북에 맞서는 글로벌 커뮤니티를 만들 것을 선언하고 야심차게 구글플러스^{Google+}를 시작했다. 소셜 네트워크를 만들기 위한 네 번째 시도로 투자금만 6억 달러에 달했다. 실리콘밸리 역사상 손에 꼽히게 돈이 많이 드는 스타트업 프로젝트 중 하나라 할 수 있다.

처음에는 성공하는 듯했다. 첫해 말까지 구글플러스는 사용자를

9,000만 명이나 모았으며 이듬해 말에는 5억 4,000만 명까지 늘렸다.

구글플러스는 깔끔한 디자인과 커뮤니티에 완벽한 새로운 기능('서클Circle'이라 불렀다)을 갖추었다. 인간관계의 강도에 따라 연결을 분류할 수 있고, 비디오 채팅을 호스팅할 수 있으며, 검색과 같은 다른 구글 기능과 통합된 강력한 협업 도구를 활용할 수도 있었다.

하지만 초기의 열광적인 인기가 조금 가라앉자 이 플랫폼은 그 매력을 잃었다. 이러한 몰락에 대해 많은 평가가 있었지만 내가 생각하기에 그 원인은 그저 사람들에게 딱히 페이스북과 경쟁할 플랫폼이 필요하지 않았던 것 같다.

페이스북 친구나 게임, 커뮤니티를 페이스북이라는 플랫폼에서 새로운 플랫폼으로 옮기기에는 상당한 심리적 비용이 든다. 구글플러스는 예쁘고 믿음직한 엔지니어링 작품이었지만 유저의 대규모 이동을 가능케 할 정도로 멋지거나 크게 다르진 않았다. 다수의 사용자에게 채택되려면 레이디 가가에 버금가는 기술적 혁신이 필요했는데 그들은 톰 행크스를 만드는 정도에 그치고 말았던 것이다. 보기 좋고 안전하긴 했지만 새로운 팬들이 집결할 만큼 절대 놓칠 수 없는 '인기 장소'가 될 수는 없었다.

수백만 명의 사람들이 구글플러스에 들어가 보기는 했지만 계속 거기 머무를 정도로 문화적으로 대단한 것은 없었다. 결과적으로 사용자가 구글 플러스에 들어가 머무는 시간은 한 달에 약 3분 정도였다. 상대적으로 페이스북은 한 달에 거의 8시간이나 되는데 말이다. 결국 구글은 2019년 3월 7일에 이 프로젝트를 전면 중단했다.

다수의 사용자에게 선택받지는 못했지만 마지막까지도 구글플러스를 좋아하고 모든 걸 이 플랫폼으로 옮겨 놓은 팬들이 여전히 수천 명이 남아 있었다. 그들은 토크쇼를 개최하고, 새로운 사업을 구축하고, 이 플랫폼에 충실한 커뮤니티들을 만들었다. 그런데 펑! 하고 한순간에 커뮤니티가 날아가 버린 것이다.

내 친구 스콧 스코크로프트^{Scott Scowcroft} 역시 이러한 구글플러스 팬 중 하나였다.

"5년 동안 이 새 플랫폼에 빠져 있는 건 정말 즐거운 경험이었어요. 나는 의미 있는 여러 커뮤니티에서 오랜 우정을 쌓았고, 이곳에 깊숙이 속해 있었어요. 구글이 이 플랫폼을 닫았을 때 정말로 매정한, 어쩌면 사악한 행동이라고 생각했어요. 그 회사를 어떻게 다시 믿을 수 있겠어요? 그건 나와의 사회 계약을 어긴 것이나 마찬가지라고요."

'나와의 사회 계약을 어긴 것'이라는 말로 다시 돌아가 보자. 정말로 흥미로운 표현 아닌가? 당신이 진행 중인 마케팅 프로젝트는 고객들에게 사회 계약을 제공하는가? 아마 아닐 것이다. 앞에서 말한 것처럼 대부분의 마케팅은 수명이 짧으니 말이다.

커뮤니티는 마케팅 예산에서 단순히 한 줄을 차지하는 항목이 아니다. 그것은 고객과의 사회 계약이다. 이것은 조직 차원에서 이해하고 문화에 새겨야 한다. 커뮤니티는 계약과 마찬가지로 오랜 기간 온전한 헌신과 노력을 받을 자격이 있다.

기존의 플랫폼을 활용해라

거의 모든 커뮤니티는 온라인 요소를 가지고 있다. 직접 만남 중간중간에 아이디어를 교환하거나 다가올 행사에 대한 소식을 게시하기 위해서라도 온라인 소통이 필요하다.

인기 있는 커뮤니티 공간으로는 트위터 챗, 슬랙, 디스코드^{Discord}, 레딧, 왓츠앱^{WhatsApp}, 핀터레스트, 링크드인 등이 있다. 페이스북은 1,000만 개가 넘는 그룹을 자랑하며, 사용자 중 절반은 최소 다섯 개의 커뮤니티에 가입되어 있다.[5] 일상적으로 커뮤니티 관리를 도와줄 커뮤니티별 소프트웨어 플랫폼도 수십 개가 있다.

당신의 구체적인 상황을 모르는 채로 특정 플랫폼을 추천할 수는 없겠지만 어디에 커뮤니티를 구축하면 '안 되는지'는 알려 줄 수는 있다.

너무나도 많은 기업들이 자기만의 맞춤형 플랫폼을 가져야 한다는 생각에 사로잡혀 최초의 인터넷 커뮤니티 시기부터 지금까지 치명적인 오류를 반복하고 있다.

이러한 집착이 자존심 때문인지 누군가의 잘못된 조언 때문인지는 모르겠지만 성공을 거두는 경우는 거의 없다(물론 세포라, 레고, 나이키 같은 브랜드는 예외다). 맞춤식 커뮤니티가 실패하는 이유는 간단하다. 사람들이 새로운 장소에 매일 로그인하고 새로운 플랫폼에서 사용하는 언어와 절차를 배울 것을 기대한다면 기적이 일어나기를 바라는 것과 같기 때문이다. 이미 고객의 일상적인 온라인 루틴에 들어가 있는 곳을 커뮤니티의 집(플랫폼)으로 삼는 것이 더 낫다. 실제로 커뮤니티가 이미 존재하는 경우도 많으니 그저 거기에 들어가기만 하면 되는 것이다.

오래전 유명 IT 기업 중 한 곳에 컨설팅을 한 적이 있다. 그들은 이미 자기 웹사이트에 아주 멋진 커뮤니티를 구축해 놓았다. 하지만 그곳은 마치 그랜드 캐니언 협곡 맨 밑바닥에 자리한 것처럼 텅 비어 있었다. 그들은 무슨 짓을 해도 이 아름다운 커뮤니티로 사람들을 데려올 수가 없어서 크게 좌절하고 있었다.

나는 바로 문제를 알아챘다. 데이터 보안을 사랑하는(아주 이상적인 고객이다) 수많은 사람들이 이미 슬랙에 긴 역사를 자랑하는 커뮤니티를 가지고 있었던 것이다. 그런 사람들이 왜 친구들을 떠나 새로운 이곳에 정착하겠는가? 이 회사의 맞춤형 공간은 유기적으로 만들어진 것도 아니고 고객이 매일 하는 경험과도 아무 관련이 없었다.

나는 회사의 리더들에게 이미 존재하는 슬랙 커뮤니티에 들어가되 영업하려 하지 말고 이용자들에게 도움을 주는 방식으로 활동할 것을 추천했다. 그리고 18개월이 채 안 되어 그 회사의 부사장이 이 커뮤니티 관리자 중 한 명이 되어 줄 것을 요청받았다고 했다. 그들은 그렇게 자기 사이트를 닫았다.

커뮤니티를 '소유'하지 않는다면 그 집단에 영향력을 덜 발휘하게 될까? 커뮤니티에서 중요한 것은 권력을 내려놓는 것이다. 이 IT 회사 리더들이 신뢰를 얻은 것은 그들이 평등한 구성원으로서 다가갔고, 유용하고 관대한 커뮤니티 지원을 통해 권한을 얻었기 때문이었다.

커뮤니티를 조직하기 전에 이미 자연발생적으로 만들어진 비슷한 모임이 있는지 반드시 조사해 보기 바란다.

이제는 많은 커뮤니티 관리자들이 두려워 벌벌 떠는 부분, 바로 성공의 측정 방법을 이야기할 때가 되었다. 다음 장에서는 단순하고 솔직한 답을 내놓을 것인데 아마 마음에 들지는 않을 것이다.

스포티파이, 커뮤니티를 통해 애플 뮤직을 누르다

요약: 스포티파이는 지위를 부여하는 방식으로 열성팬층을 손에 넣었다. 현재는 이 커뮤니티가 이 회사 최고의 경쟁 우위가 되었다.

다음은 내가 상상할 수 있는 가장 어려운 마케팅 문제다. 당신은 혁신적인 앱의 마케팅 리더인데, 이미 아이폰마다 탑재되어 나오는 유용하고 시장 지배적인 앱의 자리를 뒤흔드는 것이 목표다. 어떻게 하면 좋을까?

스포티파이^{Spotify}는 그 목표를 달성했을 뿐만 아니라 애플 뮤직 구독자의 두 배가 넘는 회원을 보유하고 있다.

그들은 어떻게 이렇게 놀라운 일을 해냈을까? 상당 부분은 커뮤니티 덕분이라고 할 수 있다. 놀라지 않았다고? 당연한 일이다. 이 책은 커뮤니티에 관한 책이니까.

스포티파이는 2012년 사용자들이 플레이리스트를 서로 교환하고 기술 지원을 받을 수 있게 하는 첫 고객 커뮤니티를 열었다. 그리고 단 18개월 후 이 커뮤니티는 규모가 더 큰 스포티파이 커뮤니티에 올라오는 질문에 답하고, 소셜 미디어의 브랜드 관련 멘션에 대응하고, 고객의 불만을 파악하는 등 활발히 활동하는 열성팬을 위한 전용 프로그램인 스포티파이 록스타스$^{Spotify\ Rock\ Stars}$로 진화했다. 거기에서 활동하는 회원들은 그 대가로 비공개 포럼을 통해 스포티파이 커뮤니티 팀과 직접 접촉하고, 서비스 만족도 조사와 프로그램 베타 테스트에 참여하며, 라이브 음악 이벤트에 참석할 기회도 얻을 수 있다.

스포티파이의 소셜 케어 및 커뮤니티 책임자 앨리슨 리히^{Allison} ^{Leahy}와 멕시코에 거주하며 록스타스 프로그램에서 활동하는 오스카 오소르니오$^{Oscar\ Osornio}$는 커뮤니티에서 모멘텀을 만들기 위한 네 가지 방법에 대해 그들만의 통찰을 공유해 주었다.[6]

1. 지위를 인정해라

스포티파이 커뮤니티는 참여를 장려하기 위해 게임화 전략을 사용한다. 예를 들어 각 지위별로 스포티파이 구독권, 굿즈, '스타들이 듣고 있는 곡' 플레이리스트에 기여할 수 있는 기회 같은 보상이 따라온다.

록스타 레벨에 오른 사람은 정기적으로 개발자들과 만나 구현되기 전의 앱 기능을 테스트할 수 있고 그들의 피드백은 직접적으로 스포티파이 제품에 영향을 미친다.

가장 활동적인 록스타 10명에 선정되면 연례 록스타 잼에 초대되는데, 전액 무료로 스톡홀름까지 날아가 커뮤니티의 다른 회원들과 신나게 즐길 수 있다.

2. 브랜드 가치에 집중해라

스포티파이는 브랜드 충성심, 구독자 유지율, 참여도, 제품을 향한 열정, 그리고 무엇보다도 혁신의 측면에서 커뮤니티가 투자 수익을 가져다준다는 것을 알고 있다.

이러한 요소들은 금전적으로 평가하기가 힘들지만 브랜드에 가져다주는 가치는 부인할 수 없다고 앨리슨 리히는 말한다. "우리는 전 세계의 열정적인 고객들과 직접적인 소통 라인이 있고 우리 비즈니스 리더들이 꼭 필요하다고 믿는 방식으로 가치를 창출하고 있어요."

그들은 수익과 같은 정량적 수치보다는 참여도와 신제품 아이디어 같은 정성적 데이터를 우선시한다.

3. 신중히 성장해라

스포티파이가 록스타 레벨의 인원수를 50에서 150명으로 늘렸을 때 새로운 회원들을 효과적으로 참여시킬 인프라나 자원이 부족하다는 문제점이 드러났다.

"새로운 회원이 유입될 때마다 그러한 변화를 관리하는 건 매우 까다로운 일입니다. 특히 서로를 매우 잘 알고 있는 핵심 사용자 그룹이 있을 때는 더욱 그렇죠. 이런 프로그램을 구축하려면 시간이 걸립니다. 프로그램을 키우기 위해 딱 맞는 양의 관심을 줄 수 있어야 해요. 그렇지 않으면 거래 같은 느낌이 되어 버리거든요."

앨리슨은 커뮤니티 성장이 가져오는 가치에 대해 스포티파이가 잘 알고 있다고 말한다. "우리는 그 잠재력을 발현시키고 싶습니다. 기존 록스타 회원들에게 더 많이 기여할 새로운 방법을 마련해 주고 네트워크 효과를 활용할 수 있게 해 주려고요. 그러면 동료와 록스타가 이끄는 신규 회원 교육과 공동 멘토링이 더 많이 이루어질 수 있습니다."

4. 커뮤니티 회원 간 인간관계를 우선시해라

회사 입장에서는 회사와 커뮤니티 회원들의 하향식 관계를 유지하는 것도 중요하지만 회원 간의 인간관계를 키우는 것이 훨씬 더 중요하다.

오스카는 동료 록스타들은 물론 비슷한 생각을 가진 전 세계의 스포티파이 사용자들과 깊은 우정을 쌓았고, 이는 브랜드를 향한 애착심을 더욱 굳건히 만들었다.

"결과적으로 제가 이 프로그램에서 가장 좋아하는 건 다른 사람들을 만나는 겁니다. 사람들을 직접 만나면 아주 오래전부터 알았던 사람 같은 느낌이 들어요. 커뮤니티에서 매일 소통하고 있기 때문이죠. 사람들을 직접 만나 이야기를 나누면 국적이란 건 중요하지 않다는

걸 알게 됩니다. 그보다 중요한 건 음악과 기술을 향한 공통의 관심과
열정이거든요."

커뮤니티 회원 간 소통과 참여가 긍정적인 기분을 가져와 브랜드
충성심과 더 많은 구매, 브랜드 지지로 이어진다는 것은 이미 많은 연
구에서 입증되고 있다.

10장
커뮤니티의 성과는
어떻게 측정할까?

이 장에서는 당혹스러운 문제를 하나 짚고 넘어가도록 하겠다. '브랜드 커뮤니티의 투자 수익률^{ROI}은 어떻게 측정할 수 있을까?'라는 문제다.

온라인 커뮤니티 관리자들은 커뮤니티의 가치를 입증하느라 늘 전전긍긍하는 상태에 있다. 커뮤니티 관리 전문가의 거의 90퍼센트가 자신이 하는 일이 회사에서 매우 중요한 역할이라고 믿고 있다. 그런데 놀랍게도 **단 10퍼센트만이 브랜드 커뮤니티의 가치를 정량화해 그 가치를 입증할 수 있다고 말한다.**[1]

이 같은 만성적인 좌절감은 커뮤니티 영향력과 가치에 대한 복잡한 평가를 포함해 희한하고 부자연스러운 수많은 접근법을 낳았다. 일반적으로 이런 비전통적인 측정 방식은 효과가 없다. 회계사들이 이해하기에 너무 낯설고 수상쩍은 새로운 표현이 많이 제시되기 때문이다. 조직에서 신뢰를 얻으려면 사업에서 원래부터 쓰이던 표현과 방식을 사용할 수 있어야 한다.

성공의 측정 방식은 궁극적으로 그 목표에 따라 달라진다. 오늘날 대부분의 커뮤니티는 고객 셀프 서비스에 뿌리를 두고 있기에 거래형이 많으며, 그것은 상대적으로 측정하기가 쉽다. 거래당 전통적인 고객 서비스 비용이 얼마인지 알고 있으면 커뮤니티를 통한 비용 절감 수준을 계산하기가 쉽기 때문이다.

하지만 이 책은 구체적으로 **마케팅과 브랜딩 전략의 핵심으로서 커뮤니티의 역할 확장**을 주장하고 있다. 마케팅 전략의 범위 내에 커뮤니티를 두고 마케팅 부서에 보고하게 하면 측정하기가 더 쉬워진다.

마케팅 렌즈를 통해 커뮤니티 가치를 정량화하려면 먼저 마케팅의 두 가지 유형을 알고 그것이 커뮤니티 효과 측정 방식에 어떻게 연결되는지 이해해야 한다.

직접 마케팅 vs. 브랜드 마케팅

스포츠를 좋아하는 사람이라면 아마 전설적인 제품인 게토레이를 잘 알고 있을 것이다. 이 음료는 1965년 플로리다 대학교의 연구팀에서 미식축구 팀인 게이터스^{Gators}를 위해 개발했다. 뜨거운 플로리다 태양 아래에서 훈련하는 선수들의 피로 회복에 필요한 탄수화물과 전해질을 공급하기 위한 것이었다. 현재 게토레이는 펩시코^{PepsiCo}에서 소유하고 있으며 80개 이상의 국가에서 유통된다.

게토레이는 강력한 브랜드다. 300억 달러 스포츠 드링크 시장에서 점유율이 75퍼센트가 넘는다. 이 엄청난 인지도와 지배력은 수십 년에 걸친 혁신과 어디에서든 볼 수 있는 스포츠 마케팅을 통해 얻은 것이다. 텔레비전에서 인기 있는 스포츠 경기를 보고 있으면 운동장이든, 운동장 근처든, 광고판이든 게토레이의 존재감을 느낄 수 있다.

슈퍼마켓에 가면 게토레이 한 병에 2달러 정도 하는데 가장 큰 경쟁자인 파워에이드는 한 병에 1달러가 채 안 된다. 상대적으로 우월한 브랜드인 게토레이는 브랜드 마케팅을 통해 확립한 신뢰 덕분에 100퍼센트가 넘는 웃돈을 붙여 판매할 수 있다. 새로 뛰어든 경쟁사이자 훨씬 뒤처지는 시장 내 2인자인 파워에이드는 그들과 다른 마케팅 전략을 사용해야 한다. 가격 할인을 하거나, 제품 대체를 위해 돈을 지불하거나, 모회사인 코카콜라의 강력한 유통 시스템을 통해 약간의 경쟁 우위를 활용하는 식으로 말이다.

이 시나리오에서는 현실 세계에서의 두 가지 마케팅 유형을 살펴보고, 그 차이점을 이해할 수 있다면 성공 측정 방식과 브랜드 커뮤니티에 대해 중요한 통찰을 얻게 될 것이다.

1. 직접 마케팅

파워에이드는 덜 알려진 브랜드이기 때문에 더 많은 매출을 올리기 위해 필사적으로 경쟁할 수밖에 없다. 그래서 예산 대부분을 직접 마케팅^{direct marketing}에 투자해야 한다.

직접 마케팅은 **거래 지향적이며 측정이 가능**하다. 파워에이드가 페이스북에 광고를 올리고 매출로 이어지는 클릭 수를 센다면 그것은 직접 마케팅이다. 마트에서 지나가는 쇼핑객에게 쿠폰을 나누어 주는 홍보 매대를 운영하는 것도 직접 마케팅이다. 측정하기도 비교적 쉽다.

반면 게토레이는 가장 사랑받고 신뢰받는 브랜드로서 스포츠 드링크 왕국 꼭대기에 편안히 앉아 있다. 파워에이드가 근육통을 완화해 주고 샴페인보다 더 맛있는 획기적인 제품을 개발한다 할지라도 게토레이는 아마 여전히 파워에이드보다 더 잘 팔릴 것이다. 스포츠 문화와의 연관을 통해 얻은 신뢰와 충성심 덕분이다.

2. 브랜드 마케팅

게토레이는 브랜드 마케팅^{brand marketing}을 쓰고 있다. 브랜드 마케팅은 직접적인 거래보다 **정서적 유대와 문화적 관련성을 지향**한다.

게토레이의 마케팅 예산 중 상당 부분은 리오넬 메시 같은 스포츠 스타와 행사 후원, 월드컵이나 슈퍼볼 같은 인기 많은 장소에서의 브랜드 노출 등을 통해 브랜드 개발에 사용된다. 그리고 그러한 마케팅 투자는 결과 측정이 거의 불가능하다.

미국 스포츠 전통에서 가장 사랑받는 것 중의 하나가 게토레이 샤워다. 게임에서 승리하고 나면 선수들이 감독이나 수훈 선수 뒤로 몰래 다가가 얼음과 게토레이가 가득 담긴 얼음통을 그들의 머리 위로

들이붓는 것이다. 이런 문화적인 순간은 항상 텔레비전으로 생중계되며 이후로도 몇 년씩 팬들이 반복해서 보는 명장면이 된다.

이렇게 신나는 장면이 연출될 수 있는 건 게토레이가 몇몇 팀이나 리그 후원 계약에 따라 언제나 경기장 사이드라인에 놓여 있기 때문이다(이것이 브랜드 마케팅의 일부다).

이 게토레이 샤워의 투자 수익률은 얼마일까? 브랜드 로고를 팀 벤치에 박아 넣거나 경기장 사이드라인에 거대한 얼음통을 놓고 제품을 가득 담아 두는 리그 후원 계약으로 인해 팬들은 얼마나 많은 게토레이를 구매할까? 그건 알 도리가 없다.

팀 후원 같은 브랜드 마케팅이 제품을 파는 데 도움이 된다는 것을 느낄 수는 있지만 직접적인 기여도를 판단하는 건 거의 불가능하다. 브랜드 마케팅의 투자 수익률을 계산하려고 하다가는 머리가 쪼개질지도 모른다. 하지만 효과는 분명히 있다. 게토레이가 타사 제품 대비 가격이 두 배나 비싸지만 시장 점유율 70퍼센트를 차지하고 있는 것이 바로 그 증거다. 그리고 문제이기도 하다. 브랜드 마케팅의 효과는 정확한 숫자 대신에 믿음으로 귀결되고, 많은 비즈니스 리더들이 그걸 싫어하니 말이다.

커뮤니티는 브랜드 마케팅의 일환이다

이제 흩어진 점들을 서로 연결해 그림을 만들어 볼 차례다. 3장으로 다시 돌아가 브랜드 커뮤니티가 줄 수 있는 마케팅 이점 목록을 다시 살펴보자.

    ① 브랜드를 차별화한다.

    ② 고객과의 관련성을 유지한다.

    ③ 빠른 정보 수집 및 전달이 가능하다.

    ④ 브랜드 신뢰감을 심어 준다.

    ⑤ 브랜드 충성도를 높여 준다.

    ⑥ 브랜드와 유대감을 형성한다.

    ⑦ 공동 창조로 제품 개발에 도움을 준다.

    ⑧ 특별한 인맥 형성이 가능하다.

    ⑨ 문화와 커뮤니티를 연결한다.

    ⑩ 고객 서비스 관리 및 데이터의 수집·활용이 가능하다.

    ⑪ 회원 가입비 모델로 수익을 창출한다.

    ⑫ 직원을 채용하는 데 인재 풀로 사용할 수 있다.

이 같은 대단한 혜택 중에서 브랜드 마케팅 혜택(측정 불가능)이 아닌 직접 마케팅 혜택(쉽게 측정 가능)이라고 할 수 있는 것은 몇 개라고 생각하는가? 그 답은 두 개다. **고객 서비스 관리**와 **회원 가입비 모델**만

이 거래라 할 수 있고 측정이 쉽다.

이 목록에 나온 혜택의 90퍼센트 이상이 브랜드 마케팅의 감정적 연결에서부터 나온다. 의사소통이 더 빠르게 이루어지고, 소비자 데이터와 통찰을 얻으며, 고객이 당신의 제품을 사랑하고 홍보하는 유기적 지지자가 된다면 더 많은 물건을 팔 수 있을 것이다. 하지만 그렇다고 해서 얼마나 더 많이 팔았는지를 정량화해서 보여 줄 수는 없을 것이다.

게토레이가 될 것인가? 파워에이드가 될 것인가?

현재 존재하는 브랜드 커뮤니티의 70퍼센트 이상이 여전히 고객 서비스를 주된 목적으로 한다.[2] 그것이 측정하기가 매우 쉽기 때문이다. 직접 마케팅은 매출 기여도가 커서 회계팀을 항상 기쁘게 한다. 커뮤니티 관리자도 자신의 업무를 정당화할 수 있다.

하지만 그렇다는 건, 브랜드 커뮤니티의 최소 70퍼센트가 잠재적인 마케팅 이득의 90퍼센트를 놓치고 있다는 뜻이 된다. 그런 혜택이 측정하기 어렵거나 불가능하다는 이유로 말이다. 그건 정말 말도 안 되는 일이다. 쓸모없게 된 100년이나 묵은 마케팅 측정 전통 때문에 커뮤니티의 혜택을 온전히 얻고 경쟁자를 깔아뭉갤 기회를 놓치는 셈이다.

금전적 결과를 직접적으로 측정하지도 못하면서 커뮤니티에 상당한 투자를 하라는 나의 말이 이율배반적으로 들릴지도 모른다. 하지만 그것이 바로 당신이 해야 할 일이다.

오늘날 마케팅 세계에 새로운 진실이 하나 있다. 문화의 흐름에 속도를 맞추거나 결과를 측정하는 것, 둘 중 하나만 가능하다는 것이다. 두 개를 다 해낼 수는 없다.

나의 스승이자 멘토인 피터 드러커는 이런 말을 했다. "사업의 목적은 고객을 창출하고 지키는 것이다." 앞을 예측할 수 없고 총알처럼 빠른 고객 문화의 변화 속에서 그 목적을 달성하려면 완전히 새로운 접근법이 필요하다. 설사 그것을 쉽게 측정할 수 없다고 해도 말이다.

당신이 이 책을 읽고 있는 동안 경쟁자들은 고객 커뮤니티의 투자 수익률을 계산해 달라고 회계팀에 요청하고 있을 것이다. 그들은 아마 앞의 목록에서 고객 서비스, 이 한 가지 혜택만을 생각하고 있을 것이다. 그것이 측정 가능하기 때문이다. 그리고 장담컨대 그것을 할지 말지를 두고도 논쟁을 벌이고 있을 것이다.

그것이 바로 '파워에이드' 회사다. 그들은 고객이 제품 하나를 구입하게 만들기 위해 아등바등 안간힘을 쓰고, 매일 하루 종일 우스꽝스러운 광고를 내보내고, 검색 엔진 최적화에 돈을 낭비하며, 쿠폰을 뿌려서 성공으로 가는 길을 만들려 애쓴다.

하지만 당신은 그들이 모르는 걸 알고 있다. 우리는 '게토레이'가 될 수 있다. 문화적 관련성과 통찰, 고객과의 감정적 연결에 초점을 맞추며 누구에게나 사랑받고, 신뢰받고, 시장을 지배하는 브랜드 말이다. 이제 우리에게는 고객을 창출하고 지킬 수 있는 강력한 새 전략이 있나. 바로 커뮤니티다.

커뮤니티를 브랜드 마케팅의 확장으로 바꿔 생각하면 큰 이득이 된다. 대부분의 기업이 브랜드 마케팅을 이미 이해하고 있기 때문이다. 그것은 사업에서 사용하는 언어의 일부이자 예산의 일부이며, 마케팅 부서가 해야 하는 일이라고 기대되는 바이기 때문이다.

아무도 보지 않는 광고 대신 커뮤니티에 시간과 돈을 쓰면 무슨 일이 일어날까? 당신이 속한 시장에 하나의 지배적인 브랜드 커뮤니티가 생겨날 것이다. 바로 당신의 커뮤니티 말이다.

당신은 당신이 속한 산업에서 게토레이가 되어야 한다. 그러려면 커뮤니티를 단순히 비용 절감을 위한 도구가 아닌 브랜드의 필수적 요소로 여겨야 한다.

가장 중요한 측정 수단인 소셜 셰어링

PR 회사인 에델만^{Edelman}은 20년 넘게 '신뢰'에 관한 연구를 진행하고 있다. 어찌 보면 당연한 일이겠지만 매년 전 세계를 대상으로 실시하는 그 회사의 설문 조사 결과를 보면 정부와 언론, 광고에 대한 신뢰가 꾸준하게 하향 곡선을 기록하고 있다. 그렇다면 사람들은 누구를 신뢰하는가? 바로 친구, 이웃, 가족 같은 지인이다.

오늘날에는 소셜 미디어 포스팅과 후기, 리뷰를 통해서 브랜드 이야기가 만들어진다. 광고가 아닌 사람을 통해서 말이다. 이러한 입소문 전달을 활성화하는 것이 커뮤니티 마케팅의 필수적인 요소이자 성공을 측정하는 방식이다.

그렇다면 마케터의 역할은 커뮤니티 내부에 존재하는 열정과 기쁨을 외부의 사람들에게 퍼뜨리도록 커뮤니티 회원들을 돕는 것이라고 할 수 있다. 당신의 고객이 최고의 마케터다. 그들이 자기 일을 해내도록 어떻게 도울 수 있겠는가?

그 답은 간단하다. 이야깃거리를 주는 것이다. 경영 컨설팅 그룹 매킨지앤드컴퍼니는 커뮤니티 활성화가 두 가지 핵심 요소를 중심으로 이루어진다는 것을 발견했다. 주력 제품과 대화를 유발할 이야기다.[3]

브랜드는 입소문을 창출할 수 있는 소수의 특별한 제품에 고객을 참여시키기 위한 노력에 집중해야 한다. 그런 주력 제품이 있으면 소비자들이 끝없는 선택에 혼란스러워하지 않고 단순하게 대화를 나눌 수 있다.

이제 고객이 커뮤니티에서 '영업'을 당하고 싶어 하지 않는다는 사실은 잘 알고 있을 것이다. 그들은 배우고, 경험하고, 기여하고 싶어 한다. 브랜드는 다음과 같은 방법으로 영웅 제품을 통해 입소문을 만들 수 있다.

- 독점 또는 조기 접근 권한 제공
- 경험적 상호작용에 커뮤니티 관여시키기
- 개발 단계에서 무료 샘플 제공
- 제품을 다른 사람들과 공유할 수 있는 독점적 기회 제공

- 소비자가 디지털 방식으로 제품을 사용해 볼 수 있는 양방향 마케팅 도구 출시

또한 고객 대화를 촉진하기 위해 팬들이 이용할 수 있는 흥미로운 콘텐츠를 끊임없이 제공해야 할 필요가 있다. 나는 그러한 대화를 위한 콘텐츠에는 다섯 가지 특징이 있다고 가르치는데, 이것은 RITES라는 약자로 표현할 수 있다.

- 관련성^{Relevant} 콘텐츠가 커뮤니티의 중요한 가치나 열정과 연결되어 있는가? 누군가 콘텐츠를 공유할 때 '나는 이것을 믿는다'라고 말하는가?
- 흥미^{Interesting} 이것은 사람들이 친구와 함께 커피를 마시면서 이야기할 만한가?
- 시기적절^{Timely} 누구나 자신이 유행을 아는 사람임을 드러내고 싶어서 정보를 퍼뜨리기도 한다. 우리가 들려주는 이야기는 자신의 셀프 이미지를 반영한다. 친구들에게 새로운 소식을 전할 수 있는 능력은 그들과 관련성이 높아 보이게 한다.
- 오락적^{Entertaining}(혹은 즐거움^{Exciting}) 바이럴 콘텐츠와 가장 연관성이 큰 감정은 감탄이다. 그것은 고객이 전에 본 적이 없는 것이다. 우리는 사람을 웃게 만들거나 '우와!'라고 말할 수 있게 하는 것을 공유하기 좋아한다.
- 우수성^{Superior} 경쟁사도 아마 비슷한 유형의 콘텐츠를 만들고 있을 것이다. 그들의 콘텐츠가 당신의 것보다 낫다면 결과적으로 고객들

은 그리로 옮겨 갈 것이다. 절대 발전을 멈추지 마라.

이야기를 통한 커뮤니티 활성화는 그 효과를 측정할 수 있는 새로운 기회를 열어 준다. 소셜 리스닝 플랫폼을 통해 어느 정도 외부의 참여도와 온라인 대화를 쉽게 관찰할 수 있기 때문이다.

매출로의 전환율 외에도 나는 소셜 셰어링이 커뮤니티의 가장 중요한 측정 수단이라고 생각한다. 당신의 브랜드와 제품에 관한 입소문을 퍼뜨리는 팬들은 곧 유기적인 지지자를 의미한다. 그들은 진실하고, 진정성이 있으며, 믿음을 준다. 당신의 브랜드에 대해 이야기하는 고객은 당신이 돈을 주고 사는 그 어떤 광고보다도 낫다.

고객 지지를 추적하다 보면 커뮤니티 회원들에게 지위를 부여할 수 있는 기회도 생긴다. 당신의 콘텐츠를 공유하는 회원이 가장 소중하고 칭찬받는 회원이 되어야 한다.

규모가 큰 커뮤니티가 무조건 좋은 것은 아니다

연구에 따르면 소비자와 브랜드 사이에 유대감을 형성하면 브랜드를 향한 충성심에 안정성이 생긴다.[4] 이러한 연결로 가는 길이 바로 커뮤니티 회원 사이의 정보 흐름이다. 커뮤니티 참여도가 높다는 것은 회원 간에 강력한 소속감이 있다는 중요한 신호다.[5] 몇몇 연구를 보면 사람들이 커뮤니티에 참여하는 주된 이유는 이런 소속감을 느끼

기 위해서다.[6]

내가 연구한 거의 모든 커뮤니티가 회원 참여 수준을 중요한 측정 수단으로 여겼다. 대화의 빈도와 회원 활동은 매출과 마케팅 성공의 주요 지표이기도 하다.

회원들이 커뮤니티에서 서로 돕는 것을 보면 브랜드를 향한 더 큰 친밀감으로 이어진다. 회원의 참여와 브랜드 충성심, 인지도, 긍정적인 입소문, 구매 의도 사이에는 직접적인 관계가 있다.[7]

따라서 브랜드의 주요 역할은 참여도, 특히 회원 간 상호작용을 높은 수준으로 유지하도록 돕는 일이 되어야 한다.

4장의 '보스 맘' 사례 연구에서 데이나 맬스태프는 커뮤니티 목적의식에 불을 붙이고 움직임을 만들어 내는 데, 즉 브랜드를 구축하는 데 집중했다고 설명했다. 이렇게 몇 년의 시간이 흐르자 커뮤니티가 성장해 그녀의 고급 콘텐츠와 서비스를 구매하는 방식으로 보상을 돌려주었다. 수익은 중요하다. 그리고 수익은 그녀가 커뮤니티의 필요에 맞는 제품을 만들고 있음을 보여 준다.

궁극적으로 커뮤니티는 매출 목표에 기여할 수 있다. 충성도와 인지도를 높이고 이탈을 줄인다면 매출은 유기적으로 일어나게 되어 있다. 커뮤니티가 회원들의 필요와 목적의식을 달성시켜야 한다는 사실만 명심하라. 커뮤니티가 제품을 위한 광고판에 그치고 만다면 그 커뮤니티는 붕괴하고 말 것이다.

매출을 중시하다 보면 커뮤니티 성장 목표에도 압박이 가해질 수 있다. 신중하게 나아가라. 규모가 큰 커뮤니티는 연결과 대화를 희석

시킨다. 커뮤니티 내에서 브랜드와의 감정적 연결은 그 안에서 만들어지는 사람들 사이 관계가 원동력이 된다는 사실을 잊지 마라. 특히 특화된 B2B 커뮤니티라면 규모가 큰 것이 무조건 좋지만은 않다.

브랜드 충성도를 알아보는 스티커 테스트

조금은 색다른 내용을 다루었던 이 장을 더욱 이상하게 느껴질 수 있는 한 가지 조언과 함께 마무리하고자 한다.

《인간적인 브랜드가 살아남는다》를 쓰던 중 나는 한 가지 문제에 직면했다. 사람들이 브랜드에 소속감을 느낀다는 걸 어떻게 알 수 있을까? 기업이 고객들과 중요하고 의미 있는 감정적 연결을 만들고 있다는 것을 무엇이 알려 줄 수 있을까?

그래서 한 가지 아이디어를 떠올렸다. 바로 스티커다. 누구든 원한다면 내 차와 옷, 심지어 집도 빌릴 수 있다. 하지만 내 컴퓨터와 전화기만은 손댈 수 없다. 그것들은 나의 디지털 생활로 통하는 신성한 포털과도 같다. 아마 대부분의 사람들이 나와 같은 생각일 것이다.

이런 중요한 기기를 특정 브랜드의 스티커로 장식한다는 건 소속감을 보여 주는 아주 중요한 상징이다. 그런 스티커는 '나는 이 조직을 정말 굳게 믿고 이것은 나의 정체성의 일부와도 같아요. 나는 여기 속해 있어요'라고 세상에 선언하는 징표다.

캔자스주 위치타Wichita에서 강연을 한 적이 있는데 한 무리의 학생들이 다가와 함께 사진을 찍자고 했다. 여학생 한 명이 사진을 찍기 위해 자신의 스마트폰을 꺼냈는데 기기 뒷면 전체에 예티^{YETI} 스티커가 붙어 있었다.

나는 그 학생에게 왜 스마트폰에 보온병 회사 로고를 붙였냐고 물었다. 그러자 그녀는 그 브랜드가 자신에게 어떤 의미인지, 예티의 철학이 자신의 세계관과 얼마나 잘 일치하는지, 자신이 그 브랜드의 온라인 커뮤니티에서 어떤 활동을 하고 있는지 상세하게 설명하기 시작했다. 학생으로서 용돈이 부족하긴 하지만 명절마다 가족을 위해 항상 값비싼 예티 선물을 구입한다고 말했다. 왜냐하면 그 브랜드에 속해 있기 때문이다.

바로 그거다. 스티커. 스티커는 많은 의미를 갖는다. 설사 보온병 브랜드라 해도 말이다.

당신의 브랜드를 너무나도 사랑해서 로고 스티커를 노트북에 도배하는 사람들로 커뮤니티를 만들려면 무엇이 필요할까? 그것이라면 커뮤니티 성공을 측정하는 놀라운 기준이 되지 않을까?

다음 [스텝]에서는 미래를 내다보도록 하자. 커뮤니티는 예기치 못한 방향으로 나아가고 있고, 그중 일부는 비밀의 공간에 자리하게 될 것이다.

세포라, 회원 수 600만 커뮤니티의 투자 수익률

요약: 세포라는 커뮤니티에 대한 브랜드 마케팅 접근법을 혁신해 다른 회사와 크게 차별화를 이룰 수 있었다.

6장에서 유명한 뷰티 브랜드 세포라를 언급했다. 그들의 '뷰티 인사이더' 커뮤니티에는 600만 명이나 되는 회원이 있어서 전 세계에서 가장 큰 브랜드 커뮤니티 중 하나라 할 수 있다.

세포라는 수백만 온라인 고객으로부터 나오는 지지와 혁신, 통찰로부터 발생하는 절대적인 가치를 어떻게 측정할까? 정답은 측정할 수 없을뿐더러 측정하지도 않는다.

실제로 그들은 커뮤니티가 가져다주는 그 마법 같은 효과를 망칠까 봐 두려워 애초에 금전적인 측면에서 커뮤니티를 측정하지 않는다.

세포라의 부회장 알레그라 스탠리Allegra Stanley는 한 인터뷰에서 커뮤니티의 주된 측정 기준은 멤버십 성장, 그리고 새로운 프로그램 및 콘텐츠의 참여도라고 밝혔다.

"회원들이 포인트를 얻고 보상을 받아 가고 있는가? 우리 커뮤니티에 참여하고 있는가? 우리가 제공하는 경험을 이용하고 있는가? 이런 걸 봅니다. 우리는 고객을 위해 제공하고 선보이는 모든 혜택 전반에서 참여도 수준을 가지고 성공을 측정합니다."

세포라의 고객들은 아름다움이라는 여정을 계속해서 나아가고 있기 때문에 뷰티 인사이더 커뮤니티의 사명은 회원들이 현재의 뷰티 동향에 발맞추고 앞으로의 방향을 찾아내도록 돕는 것이다.

"제가 가장 중요시하는 것은 회원들에게 제공하는 우리만의 경험입니다. 그런 경험은 고객 충성도의 정서적 부분을 책임져요. 세포라만이 제공할 수 있는 경험 덕에 고객의 참여도도 높아지죠."[8] 알레그라 스탠리의 말이다.

세포라는 커뮤니티 회원들이 회사 매출의 약 80퍼센트를 책임진다고 계산했다. 뷰티 인사이더는 쇼핑을 하고 있지 않을 때에도 고객을 세포라 웹사이트로 이끈다. 그들은 참여도와 매출 사이의 상관관계를 찾아냈다. 높은 참여도는 교차 판매에서 22퍼센트 증가를 가져오고, 업셀링 매출의 경우에는 그 증가치가 51퍼센트나 된다.

하지만 그렇다고 해서 이러한 결과가 측정 문제를 완전히 해결해주는 것은 아니다.

커뮤니티에서 가장 활동적인 회원들은 평균적인 고객보다 열 배나 많은 돈을 지출한다. 그들은 이 커뮤니티 때문에 더 많은 돈을 쓰는 것일까? 아니면 고객으로서 더욱 깊이 관여하기 때문에 커뮤니티에서 참여도가 높은 것일까? 그것은 알 수 없다. 마치 게토레이 샤워와도 비슷하다.

　세포라는 커뮤니티를 브랜드 마케팅 전략의 핵심에 두고 있다. 그들은 참여도와 성장률 같은 측정하기 쉬운 지표를 발전의 지표로 여기며 의존하지만, 커뮤니티 관련 노력을 정당화하기 위한 수단으로 그것이 매출에 가져다주는 직접적인 기여도는 사용하지 않는다.

BELONGING
TO ➡ ♡
THE BRAND.

STEP 3

미래 기술과
차세대 커뮤니티

웹3.0은 기존의 온라인 콘텐츠 모델을 뒤집어 버린다.

11장
웹 3.0과 미래 기술을 활용한
새로운 커뮤니티

이 책의 앞부분에서 커뮤니티가 앞으로 마케팅에서 중요한 개념이 될 것임을 알려 주는 세 가지 메가트렌드를 설명한 바 있다. 진부해진 기존 마케팅 전략과 세계적인 정신 건강 위기, 그리고 커뮤니티를 가능하게 하는 미래 기술이 그것이다.

이 중 아직 다루지 않은 것이 '기술'인데, 이 미래 기술은 마케팅 세계에서 커뮤니티를 더욱 강력하게 만들어 줄 새로운 아이디어들로 가득 차 있다.

전통적으로 인터넷의 핵심적인 기능은 우리가 무언가를 창조하고, 연결하고, 우리의 생각이나 표현이 발견되도록 도와주는 것이었다. 컴퓨터가 있고 인터넷 연결만 되면 거의 누구나 콘텐츠와 존재감, 아이디어를 통해 세상에 영향력을 발휘할 수 있다. 이것이 바로 웹1.0이었다.

그러자 전 세계인의 창의력이 마음껏 발휘되었다. 많은 사람들이 이 기회를 적극 활용해 동영상과 팟캐스트, 블로그 등 상상할 수 있는 모든 창의적인 표현 수단으로 열정적인 독자와 시청자 집단을 구축했다. 이런 혁신가들은 콘텐츠 구독자들을 이용해 수익 창출을 할 수 있었고 그렇게 아주 흥미로운 새로운 크리에이터 경제가 태어났다. 이것이 바로 웹2.0이다.

문제는 이 같은 크리에이터 중심 사업 모델이 외부인의 조종을 받을 수 있다는 것이었다. 광고 수입은 소셜 네트워크에서 나왔다. 후원금은 그들의 콘텐츠와 개인 데이터, 그리고 어렵게 모은 시청자들에게 다가갈 수 있는 권리를 통해 혜택을 얻는 브랜드들로부터 나왔다. 크리에이터 수입은 알고리즘 변화라든가 한 번도 본 적 없는 회사 임원들의 변덕에 따라 갑작스러운 영향을 받았다. 플랫폼에서 쫓겨나든가 경고 하나 없이 광고 계약이 떨어져 나가기도 했다.

웹2.0에서의 수익 창출은 곧 원치 않는 타협을 의미하기도 했다. 영화 제작사 임원을 만나 이야기를 들은 적이 있는데, 그들은 신작 홍보를 위해 영화를 좋아하고 충성심이 높은 구독자를 보유한 유튜브 크리에이터와 파트너십을 맺었다고 한다. 이 스튜디오의 광고 대행사는 상세한 홍보 계획을 내놓았고, 여기에는 화요일 아침, 그 크리에이터의 동영상 홍보물 게시가 포함되어 있었다.

"저는 화요일 아침엔 게시물을 올리지 않아요. 이건 성공할 수 없을 거예요. 우리 구독자들은 새 게시물이 올라온 것도 모를걸요." 크리에이터가 말했다.

하지만 광고 대행사 담당자는 "우리에게는 철저한 계획이 세워져 있습니다. 이대로 따라 주셔야 해요"라며 원안을 고집했다.

예상했겠지만 이 콘텐츠는 실패했고, 그 크리에이터는 유기적이지도 진실하지도 않은 게시물을 올려 망신만 당하고 말았다.

크리에이터는 자신만의 경제적 커뮤니티를 통해 자신의 일과 매출에 더 많은 통제권을 가질 필요가 있다. 이것이 바로 웹3.0의 배경이 된 개념이다. 적어도 일부는 말이다.

웹3.0의 정의는 따로 정해진 것이 없어서 아직 진흙탕처럼 흐리기만 하다. 그래서 단순한 사람인 나는 이런 단순한 방식으로 바라보기를 좋아한다. 웹3.0을 이끄는 주된 힘은 탈중앙화이고, 이론적으로 기업이 아닌 개인이 자신만의 경제적 커뮤니티를 통해 자신의 콘텐츠와 돈, 앞으로의 목적지에 대해 더 많은 통제권을 갖게 될 것이라고 말이다.

웹3.0의 복잡하고 어려운 전문 용어 장벽을 뚫고 안을 들여다보면 창의적이고 새로운 방식으로 소속감과 커뮤니티를 가능하게 하는 기술을 발견할 수 있다. 그러면 구체적으로 웹3.0의 네 가지 측면을 살펴보도록 하자.

① NFT
② 전자지갑
③ 토큰화 경제

④ 메타버스

이 장은 거대하고 새로운 우주 속으로 발사된 조그만 캡슐 정도에 불과하지만 어떤 가능성이 앞에 펼쳐질지는 엿볼 수 있을 것이다.

NFT, 고객과 새로운 종류의 관계를 맺는 도구

NFT[Non-Fungible Token]라고 하면 어쩌면 수백만 달러를 주고 우스꽝스러운 예술 작품을 사고파는 행위가 떠오를지 모른다.

NFT는 그 이상의 의미를 갖는다. 단순히 설명하자면 NFT는 블록체인이라는 확실성을 담보로 하는 디지털 계약, 때로는 커뮤니티를 향한 약속이다. 이 책의 분량을 합리적인 수준으로 유지하기 위해 블록체인에 대해서는 이 자리에서 자세히 논하지 않겠다. NFT가 소유권의 확실성을 증명하는 인증을 갖춘 계약이라고만 해 두자.

실제 돈과 암호화폐는 '대체 가능'하다. 즉 서로 맞바꾸거나 교환할 수 있다는 뜻이다. 그리고 그 가치는 언제나 동등하다. 1달러는 언제나 1달러의 가치를 갖고, 1비트코인은 언제나 또 다른 1비트코인과 같다.

그런데 NFT는 다르다. NFT는 이름처럼 대체 불가능하다. 각각의 NFT가 고유한 디지털 서명을 갖추고 있어서 우리가 잘 아는 일반적인 계약처럼 다른 NFT와 교환하는 것이 불가능하다.

하지만 그렇다고 해서 가치가 없다는 뜻은 아니다. 커뮤니티 내에서 영원한 계약이나 NFT를 사용한 약속으로 어떤 일들을 할 수 있을지 생각해 보라. NFT를 가진 누군가가 차별화된 권리나 특별한 콘텐츠에 독점적 접근 권한, 행사 입장 또는 파티 초대 같은 것을 누릴 수 있다고 해 보자. 그것은 지위의 상징 같은 가치를 갖게 되어 그 사람이 커뮤니티에 처음 들어온 사람이라든가, 특정한 이정표를 달성한 첫 번째 사람이라든가, 특별한 프로젝트의 구성원이라든가, 대면 미팅의 참석자라든가 하는 의미를 부여할 수 있다. NFT는 협업 프로젝트에 들어가는 권리를 부여하거나 공동 창조 제품의 향후 소득을 보장할 수도 있다.

또한 디지털 아트, 수집품, 동영상 클립 같은 NFT는 감정적이거나 정서적인 가치를 지닐 수도 있다. NFT로 책의 일부를 제공하는 작가들도 있었다. 이 장 끝에 나오는 사례 연구를 보면 NFT가 애초에 사람들을 커뮤니티로 모을 수 있는 이유가 되기도 한다.

NFT가 좋은 이유는 이것이 전부가 아니다. 계약을 더 나은 방향으로 수정할 수도 있다. 예를 들어 당신의 커뮤니티 중 누군가가 창립 멤버라고 해 보자. 그 사람에게 '이 NFT를 소유하고 있으면 1년 동안 나의 유료 커뮤니티 회원이 될 수 있다'라는 약속을 담은 NFT를 준다. 커뮤니티에 흥미를 유발하고 충성심을 높이기 위해 나중에 '첫 번째 충성스러운 팬에게 영원히 무료 멤버십을 제공한다'라고 계약을 바꿀 수 있다. 또한 커뮤니티가 더 커지면 최고의 팬들에게 다른 NFT 보유 동료들과 함께 즐기는 연례 파티 초대권으로 바꿔 줄 수도 있다.

여기에서 너무 자세한 부분까지 들어갈 생각은 없지만 일부 NFT 는 증식해서 '아기 NFT'가 생기고 오래 보유할수록 새롭고 독점적인 혜택을 주는 것으로 바뀌기도 한다. 아기 마크 셰퍼 NFT를 마구 낳는 NFT가 생긴다면 어떤 기분이 들겠는가? 멋지긴 하지만 조금 무섭기 도 할 것이다.

중요한 건 NFT에 대해 어떤 새 소식이 들려오든 이것은 커뮤니티 에 좋은 기회가 된다는 사실이다.

다음과 같은 목적으로 NFT를 사용하는 것을 고려해 보기 바란다.

- 커뮤니티에서 완전히 새로운 가치를 창출하기 위해
- 더 재미있고 즐겁기 위해
- 공동 창조한 프로젝트의 수익을 공유하기 위해
- 더 독점적이고 강화된 지위를 누리기 위해
- 커뮤니티를 성장시키기 위해
- 우정을 쌓고 협업을 늘리기 위해
- 커뮤니티를 놓쳐서는 안 되는 매력적인 곳으로 만들기 위해

9장에서 커뮤니티의 암묵적 사회 계약에 대해 이야기했다. **NFT가 있다면 커뮤니티도 진짜 계약**이 될 수 있다. NFT에 따로 '사용 기한'이 찍혀 있지 않다면 영원히 유효하다.

세일즈포스 웹3 스튜디오Salesforce Web3 Studio의 공동 창립자 매튜 스위지Mathew Sweezey는 이렇게 말했다. "이건 기업들이 단 한 번도 시

도해 본 적 없는 것입니다. NFT는 무한합니다. 그 약속을 영원히 지켜야 하죠. NFT 프로젝트를 만들었다면 장기적인 비전과 노력이 필요합니다.

NFT가 빠르고 직접적인 금전적 이익을 가져다줄 것이라고 생각하는 기업이 너무 많습니다. 그건 말도 안 되는 전략이고, 커뮤니티에서는 그렇게 되지 않을 겁니다. 커뮤니티는 새로운 게 아니에요. 하지만 NFT는 고객들이 협력하고, 공동 창조하고, 매우 새롭고 흥미로운 방식으로 서로 연결할 수 있는 새로운 종류의 커뮤니티를 만들어 줄 수 있습니다. 충성심의 진화죠. 가장 진실한 팬들을 위해 살아 있는 브랜드를 만들어 줄 겁니다. 또한 기업 입장에서 고객들이 어떤 브랜드를 원하는지 판단하도록 해 줍니다. NFT는 단순히 새로운 제품군이 아니라 고객과의 새로운 종류의 관계가 될 겁니다."

기업과 소비자의 역학 관계를 바꾼 전자지갑

NFT와 다른 웹3.0 자산은 전자지갑에 보관되므로 이는 커뮤니티에 새로운 접근점이 될 수 있다. 매튜 스위지는 이렇게 설명한다.

"웹2.0 세상에서는 한 사람이 평균 열 가지 식별자를 갖습니다. 소셜 미디어 계정에 접근하는 ID와 스마트폰에 로그인하는 ID가 따로 있고 이메일 주소가 서너 개 되는 것처럼요. 이런 ID와 정보를 연관시키면 광고 타깃을 정하는 데 도움이 되는 자세한 정보를 수집할 수 있습니다.

웹3.0에서는 고유한 식별자가 하나 더 늘어나요. 바로 전자지갑 ID죠. 웹2.0에서는 콘텐츠 마케팅을 해서 고객의 이메일 주소를 알아내고 마케팅을 할 수 있어요. 하지만 웹3.0에서는 브랜드가 이메일 주소를 원치 않아요. 정보를 얻으려면 전자지갑 ID에 접근해야 합니다. 전자지갑 ID는 블록체인(NFT처럼)에 저장된 공개 데이터와 당신이 구매한 상품 가격, 구매 시각, 빈도 같은 데이터를 포함할 수 있어요. 또한 이름, 주소, 기호, 소셜 그래프 같은 개인 정보도 저장돼죠.

소비자에게는 꿈이 이뤄진 것 같은 기분일 거예요. 어디에 새로 접속하거나 가입할 때마다 온갖 정보를 입력해야 하고, 그런 정보를 가는 곳마다 최신으로 유지해야 하는 경우가 얼마나 많았나요? 웹3.0에서는 지갑을 연결하기만 하면 돼요. 그러면 그 정보가 즉각적으로 브랜드나 커뮤니티에 전달되는 것은 물론, 살아 있는 링크 역할도 해요. 지갑에서 데이터를 업데이트하면 그 지갑에 접근할 수 있는 모든 브랜드나 사람은 즉각적으로 가장 정확하고 최신인 정보를 갖게 되죠. 이것이 제3자 쿠키를 대체할 수 있고 소비자는 자신의 개인 정보를 통제할 수 있게 됩니다.

전자지갑은 브랜드와 소비자 간 역학 관계를 바꾸어 놓았습니다. 브랜드는 소비자의 지갑 데이터에 접근 권한을 빌리는 형식이 되고, 소비자가 구독을 취소하려면 간단히 지갑의 연결을 끊기만 하면 됩니다. 이제 소비자가 권력을 갖게 되고 브랜드는 데이터 사용 방식에 보다 큰 책임을 지게 되죠."

웹3.0에서는 지갑에 대한 접근 권한이 커뮤니티 입장권을 제공하는 열쇠가 될 수 있다. 지갑과 커뮤니티 입장을 위한 정보 접근 권한, 이 두 가지가 상호 교환 가치가 될 것이다.

좋은 예가 웹3.0 개발자 커뮤니티인 '데브콘^{Devcon}'이다. 그들은 연례 행사의 후원사를 찾기 위해 영업을 하는 대신 탈중앙화된 마켓플레이스를 만들었다. 누구나 후원자가 될 수 있다. 기업도 참가해 '당신의 지갑에 접근하는 대가로 이 유일무이한 가치를 제공하겠습니다'라고 말할 수 있다. 이것은 후원사들에 있어 대단히 중요한 기회다. 확실한 타깃이 있고 무역 박람회의 부스를 빌리거나 출장을 다니는 데 드는 경비를 줄일 수 있기 때문이다. 커뮤니티 회원은 할인이나 소프트웨어 조기 접근 권한 또는 NFT 같은 귀중한 유틸리티를 선택할 수 있기 때문에 역시 혜택을 볼 수 있다.[1] 혜택을 받기로 동의하기만 하면 된다.

토큰화 경제를 활용해라

웹3.0의 또 다른 혁신은 암호화폐로 담보되는 토큰으로 주도되고 강화된다는 점이다. 어떤 점에서 이것은 미래의 성공을 공유하고 싶어 하는 투자자들에게 주식을 파는 기업과 같다. 토큰 소유권은 곧 특정한 사람, 작품 또는 커뮤니티의 일부를 대표한다.

이러한 과정을 시작하려는 웹3.0 크리에이터는 먼저 안전하고 블록체인으로 지원되는 토큰(NFT도 좋고 암호화된 대체 가능한 화폐도 좋다)을 만들어야 한다. 이 토큰은 크리에이터에게 관심이 있는 팬이나 구독자들을 유치할 수 있다. 토큰 소유자는 다음과 같은 세 가지 측면에서 혜택을 본다.

- **금전적 이득** 공급이 제한된 토큰은 수요가 늘어나고 공급이 희소해질 때 가치가 높아진다. 암호화폐로 담보되는 토큰은 궁극적으로 현금으로 바꿀 수 있다.

- **독점 거래** 많은 크리에이터들이 자신의 토큰으로만 거래할 수 있는 예술, 음악, 공예품, 서비스 등을 제공한다.

- **감정적 보상** 팬들은 어떤 크리에이터를 아주 좋아하거나 그들이 하는 일을 지지한다는 이유로 그 사람을 지원하기 위해 토큰을 구입하기도 한다.

어떤 경우든 이러한 팬이나 구독자들은 그 크리에이터가 성공하도록 돕는 데 일익하며 콘텐츠 창출, 커뮤니티 성장, 그리고 어쩌면 수익 창출까지 선순환을 시작하게 해 준다. 그리고 그 크리에이터가 더 유명해지거나 성공을 거두면서 이러한 네트워크 효과로부터 모든 사람이 혜택을 얻는다. 다음은 '창조의 수단Means of Creation'이라는 팟캐스트 진행자 리진Li Jin의 이야기로부터 가져온 예시다.[2]

대니얼 앨런^{Daniel Allan}이라는 가수가 2021년 '오버스티뮬레이티드 Overstimulated'라는 앨범을 냈다. 그는 다른 많은 인터넷 크리에이터들처럼 언젠가 전업으로 음악을 할 수 있을 정도로 팬층이 커지기를 바라며 자신의 음악 콘텐츠를 무료로 공개하거나, 아니면 누군가 음반 계약이라는 은혜를 내려 주기를 기대하면서 음반사를 찾아다니며 자신의 음악을 홍보할 수도 있었다.

하지만 대니얼은 다른 길을 택했다. 그는 토큰 판매를 통해 크라우드 펀딩으로 새 앨범을 제작할 비용을 모았고 결과적으로 87명으로부터 14만 2,000달러를 모금했다. 그리고 토큰 소유자들은 투자의 대가로 음원 판매 수익의 50퍼센트 지분을 받고 대니얼과 직접 소통할 수 있는 권리를 얻었다.

"태어나 처음으로 저는 제가 내놓는 음원 전부를 소유하게 되었고 사람들은 제 작품에 실제 가치를 매겨 주었어요."

대니얼처럼 웹3.0에서 활동하는 크리에이터들은 크리에이터 경제의 새 모델을 이끌고 있다.

토큰은 크리에이터가 청중과 자본을 모을 수 있는 강력하고 새로운 도구다. 조금씩 청중을 늘려 수익 창출을 하겠다는 희망으로 무료 콘텐츠를 만들어 내놓는 대신, 토큰을 통해 처음부터 청중을 모으고 그다음 그 돈과 팔로워들을 이용해 더 많은 콘텐츠를 제작해 사업을 키우는 것이다.

웹3.0은 기존의 온라인 콘텐츠 모델을 뒤집어 버린다. 이것은 패러다임의 변화이며 크리에이터가 어떤 식으로 일해야 하는지, 팔로워들이 크리에이터의 작품에 어떻게 관련성을 느끼게 될지, 크리에이터 생태계가 앞으로 어떻게 변화할지를 보여 준다.

조직이나 기업도 개별 크리에이터처럼 토큰화 경제를 창조할 수 있다. 어떤 경우에는 로열티 프로그램을 재창조하는 방식으로도 나타난다. 심지어 지역자치단체들도 그 지역 소상공인 가게를 활성화하기 위해 토큰을 발행하기도 했다. 대규모 사업에 토큰화 경제를 적용해 얻을 수 있는 혜택은 다음과 같다.

- 최고의 고객이나 팬을 찾아낼 수 있다.
- 사업에 기여하는 활동에 참여하는 고객에게 보상할 수 있다.
- 프리미엄 콘텐츠와 행사를 토큰으로 통제할 수 있다.
- 협업 활동의 경제적 기반이 된다.
- 커뮤니티 회원 간 '팁을 주는' 시스템이 된다.
- 로열티 프로그램에서 프리미엄 등급을 달성하면 토큰 소유권을 주는 방식으로 이용할 수 있다.
- 토큰을 통해서만 제품과 서비스에 접근할 수 있다.

토큰화 경제는 양방향 고객 관계를 만드는 데 도움이 된다. 커뮤니티 구성원이 어떤 회사를 지지하기 위해 무언가를 베푼다면 감사의 표시로 쉽게 토큰을 제공할 수 있다. 이러한 상호 교환은 기업과 커뮤니티 구성원 간의 정서적인 유대를 더욱 돈독히 할 수 있다. 그것이 바로 훌륭한 마케팅 아닐까?

무한한 잠재력으로 가득 찬 메타버스

얼마 전에 한 호텔 레스토랑에 갔는데 많은 사람들이 바 끝에 앉은 한 젊은 남성을 쳐다보고 있는 것을 발견했다. 그는 오큘러스^{Oculus} 헤드셋을 끼고 기기를 통해 스트리밍되는 가상의 세계에서 사람들과 대화하고 있었다.

이와 같이 현실과 가상의 공간이 합쳐지는 것이 누군가에는 이상하게 보일지 몰라도 몰입형 가상 세계의 이용 사례가 늘어나면서 앞으로는 이런 장면을 흔히 보게 될 것이다.

메타버스 투자에 수십억 달러가 모이고 있다. 온라인 상거래라는 명백한 잠재력 때문이다. 하지만 커뮤니티와 관련한 엄청난 기회도 간과해서는 안 된다. 많은 사람들에게 메타버스는 좋아하는 모임 공간이 될 것이다.

메타버스는 사람들이 모여서 다른 사람들과 함께 놀고, 일하고, 쇼핑하고, 소통하는 몰입형 가상 세계이며 이 모든 것을 현실 속 소파에 편히 누워 즐길 수 있다. 보통은 VR 헤드셋을 통해 접근하지만 컴퓨터에서 2D로도 충분히 즐길 수 있다.

메타버스는 통합된 인터페이스를 통해 우리가 이미 익숙한 소셜 미디어, 전자상거래, 비디오 게임, 커뮤니티까지 모든 인터넷 서비스와 플랫폼을 하나로 모은다. 이런 앱들에 개별적으로 로그인하는 대신 메타버스 하나에 로그인하기만 하면 거기에서 모든 곳에 접근할 수 있다. 가장 열렬한 메타버스 신봉자들은 그것이 인터넷을 완전히 대체할 것이라고 주장하기도 한다.

디지털 네이티브들은 빠른 속도로 메타버스를 채택 중이다. 내 친구 한 명은 십대 자녀가 친구들과 몰입형 게임 '포트나이트'를 매일 몇 시간씩 플레이하는 것을 보고 처음에는 크게 걱정했다. 그러던 중 아이와 친구들이 함께 게임을 하고 깔깔 웃으며 승리하기 위해 협력하는 것을 보고는 그것이 아이들 세대의 소셜 네트워크라는 사실을 깨달았다고 한다.

책의 전반부에서 과도한 영상 시청의 부정적인 효과를 설명한 바 있다. 하지만 적당한 수준이라면 온라인에서 친구들과 정기적으로 소통하는 데서 오는 장점도 있다. 신중하게 사용한다면 온라인에서 보내는 시간이 사회적인 웰빙과 긍정적인 정신 건강에 기여할 수 있다.[3] 메타버스는 마치 마음을 편안하게 해 주는 새로운 세상으로 들어가는 것과 같다.

또한 메타버스 커뮤니티에는 구체적인 혜택도 있다. 캘리포니아주 오렌지카운티에서 변호사로 활동하는 미치 잭슨[Mitch Jackson]과 그의 아들 개럿[Garrett]은 활발한 메타버스 커뮤니티를 보유한 기업가이기도 하다. 그들은 다음과 같은 혜택이 있다고 말한다.

- **친밀한 연결** 미팅에서 논의된 모든 걸 커뮤니티 회원들이 기억할 수는 없다. 하지만 독특한 메타버스 경험을 통해 어떤 기분을 느꼈는지는 언제나 기억할 수 있다. 독특하고 아름다운 디지털 공간에서 실물과 비슷한 아바타와 메타버스를 경험하다 보면 아주 큰 친밀감을 느

낄 수 있다. 이런 기분과 연결을 똑같이 느끼게 할 만한 다른 것이 디지털 세상에는 없다.

• **팀워크 구축** 메타버스는 가상 게임과 행사, 경험을 통해 재미있는 방식으로 서로 멀리 떨어진 커뮤니티 회원들을 연결할 수 있다. 많은 메타버스 공간이 흥미로운 가상의 도시와 열대우림, 해변 같은 곳에 만들어져 모두에게 전통적인 사무실과 회의실을 벗어나 새로운 경험과 재미, 탐험을 위한 기회를 제공한다.

• **통합된 디지털 세상** 메타버스 속 만남의 장점은 이 공간에 다양한 인터랙티브 디지털 미디어를 가져올 수 있다는 것이다. 사람들이 3D 물품을 '손에 들고' 상호작용하고, 새로운 세상에 들어가거나 아름다운 공연장에 앉아 프레젠테이션을 보게 할 수 있다. 영상과 이미지를 조작해 양방향 경험으로 만들면 우리가 현실에서 할 수 있는 일을 뛰어넘는 경험을 할 수도 있다. 메타버스는 전자상거래와 소매업, 독서, 영화 스트리밍 등 많은 것들을 새롭게 재창조한다. 햅틱 기기로 촉감도 느낄 수 있게 될 것이고 심지어 가상으로 냄새를 맡게 해 주는 기술도 개발 중이다.

• **접근성과 포용성** 인터넷 연결이 되는 사람이라면 누구나 메타버스에서 커뮤니티의 일원이 될 수 있다. 서로 다른 언어를 쓰는 사람도 실시간 음성 채팅 번역을 이용해 소통이 가능하다. 아바타를 쓰면 서로

에게 편안한 첫인상을 줄 수 있으며 커뮤니티의 평등한 일원이 되게
해 준다.

인터넷에서 메타버스로의 이동은 라디오에서 텔레비전으로 이동
했던 시기에 겪은 변화와 비슷할 것이다. 메타버스는 커뮤니티와 소
속감, 의미 있는 경험 공유를 위한 잠재력으로 가득 채워진 다채로운
새 세상이 될 것이다.

인공지능, 커뮤니티의 경계를 확장하다

인간 수준의 지능을 가진 컴퓨터 시뮬레이션인 인공지능^AI^은 엄
밀히 말해 웹3.0으로 간주되진 않지만 이 기술은 규모가 대단히 크고
복잡한 커뮤니티에도 놀라운 마케팅 기회를 제공한다.

인공지능은 커뮤니티에서 오가는 대화를 필터링해 효율적으로 가
치를 더하고, 참여를 장려하고, 개인화된 서비스를 가능케 하고, 새
로운 사용자를 육성하는 관리자 역할을 할 수 있다. 인공지능이 커뮤
니티 관리자의 할 일 중에서도 지루하고 반복적인 부분을 대신해 주
는 덕분에 기업은 큰 금액을 투자하지 않고도 커뮤니티를 확장할 수
있다.

그런데 인공지능이 정말로 빛을 발하는 건 인사이트 도출의 영역
에 적용되었을 때다.

프랑스 콘텐츠 마케팅 아카데미^{French Content Marketing Academie} 의 CEO 카린느 아부^{Karine Abbou} 박사는 이렇게 말한다. "커뮤니티는 다양한 주제로 대화를 가능하게 합니다. 여기서 여러 가지 중요한 키워드가 등장하죠. 그건 정말 값진 발견입니다. 인공지능의 도움을 받아 이렇게 복잡한 데이터세트를 수집하고 분류하면 전체 콘텐츠 마케팅 전략에 이용하고, 검색 엔진 최적화 접근법을 대폭 개선하고, 새로운 동향을 경쟁사보다 더 빨리 찾아낼 수 있습니다."

인공지능은 마케팅과 영업, 리더십 팀들에 실시간 시장 동향과 데이터를 연결해 준다. 이것을 이용해 제품 변경을 제안하고, 소비자 패턴을 규정하고, 전략을 자동화하며, 심지어 경쟁자보다 빨리 테스트할 수도 있다.

이런 모든 혁신은 커뮤니티의 경계를 완전히 새로운 방향으로 밀고 나갈 것이다. 그런데 커뮤니티와 마케팅에 대단한 영향을 미칠 또 다른 메가트렌드가 하나 더 있다. 12장에서는 젊은 고객 일부가 왜 기업의 마케팅 메시지를 피해 숨고 있는지 그 이유를 알게 될 것이다.

웹3.0과 배틀 버니스 유니버스

요약: 한 예술가가 디즈니와 비슷한 판타지 세상을 만드는 꿈을 꾸었다. 마침내 NFT를 기반으로 한 커뮤니티가 그것을 가능하게 해 주었다.

지금부터는 신기술과 플랫폼이 어떻게 놀랍고 새로운 방식으로 비즈니스 커뮤니티를 만들어 주는지 설명한다. NFT 덕분에 존재할 수 있으며 빠르게 성장하고 있는 커뮤니티에 대한 한 가지 사례를 살펴보자. 다음 그림과 같은 것을 중심으로 모인 NFT 아트 커뮤니티 말이다.

이것은 배틀 버니스 유니버스^{Battle Bunnies Universe}다. 이곳에서는 스토리텔러와 크리에이터, 예술 애호가들이 한데 모여 만화 캐릭터 같은 온갖 동물들이 게임과 책, 심지어 테마파크에서 살아 숨 쉬게 만든다.

〈버니 마법사〉, 〈바이킹〉, 〈스파르탄〉은 유명한 아티스트이자 캐릭터 디자이너, 타투 업계의 록스타 프랭크 라 나트라^{Frank La Natra}의 작품이다. 프랭크는 어릴 때부터 캐릭터로 가득 찬 세상을 상상했다. 그는 애니메이션 학교에 입학해 꿈을 현실로 이루기 위해 애쓰는 동시에 생계를 유지하기 위해 타투 일을 했다. 타투 아티스트로서 성공을 거두었지만 상상 속의 동물들이 언제나 자신을 끌어당기는 것을 느꼈다.

디즈니와 견주어도 절대 뒤처지지 않는 프랭크의 예술 작품은 '푸드 파이트 스튜디오^{Food Fight Studios}'의 창립자 존 브릭스^{Jon Briggs}의 시선을 끌었다. 존은 자녀의 침실을 장식하기 위해 프랭크의 그림 몇 점을 샀고 이내 그가 그린 작품의 수집가가 되었다.

그리고 8년 뒤, 존은 좋아하던 작가인 프랭크를 만날 기회를 얻었고 프랭크의 캐릭터 유니버스를 바탕으로 애니메이션 프로젝트를 협업하자는 제안을 건넸다.

"우리는 아주 멋진 프레젠테이션 자료를 준비했습니다. 많은 스튜디오에서 관심을 보였어요. 프랭크의 스타일이 정말로 독특하거든요. 그의 작품은 사람들이 어릴 때 보았던 텔레비전 쇼와 디즈니 시대의 향수를 불러일으킵니다. 그런데 일을 진행하면 할수록 우리가 프로젝트의 통제력을 잃고 있다는 것을 깨달았어요. 기존의 스튜디오 제작 경로를 계속 따라가다 보면 이 프로젝트는 우리가 생각한 것과 크게 달라질 것 같았죠. 그래서 그 프로젝트를 포기했어요.

3년 뒤 당시 저는 NFT에 숨겨진 전략을 공부하고 있었어요. NFT가 예술과 애니메이션의 미래에서 큰 부분을 차지하고 있었고, 제가 참여했던 일 중에서 가장 중요한 기회였어요. 그리고 그렇게 할 수 있는 원동력은 바로 커뮤니티 구축입니다.

이 일에 1년 정도 푹 빠져 있었을 때 프랭크가 새로운 아트 컬렉션을 선보인다는 인스타그램 게시글을 우연히 보았습니다. 저는 프랭크에게 메시지를 보내 NFT가 우리에게 필요한 해답인 것 같다고 말했어요. 프로젝트를 진행하면서도 작품을 우리가 원하는 대로 통제할 수 있으니까요. 그리고 정말로 즐거울 거라고 생각했습니다.

우리는 크리에이터를 위한 모델을 180도 뒤집고 싶었어요. 과거 크리에이터는 보통 스튜디오 임원들의 마음에 들고자 애써야 했습니다. 그렇게 하다 보면 크리에이터의 이야기가 소비자에게 닿기도 했지만 닿을 수 없는 경우도 많았어요. 이번에는 반대로 하기로 했습니다. 먼저 작품을 만들고 커뮤니티에 직접 접촉하는 걸로요."

토끼들이 탄생하다

배틀 버니스의 비전은 매우 독특하다. 독특한 캐릭터 하나당 작품

하나를 보유한(NFT로) 소유자는 다음을 포함한 신비의 세계에 접근할 수 있다.

- 커뮤니티를 통해 매일 만들어지며 계속되는 판타지 스토리
- VR 배틀 버니스 월드^{Battle Bunnies World}
- 서명해서 캡슐에 넣은 핸드메이드 컬렉터 카드(대규모 수집품 계획의 시작점이 됨)
- 프랭크와 그의 아내 크리스타의 라이브스트리밍 아트 시연
- 디스코드 커뮤니티 내에서 접근 가능하고 NFT 상품을 주는 롤플레잉 게임 래빗 홀^{Rabbit Hole}

존과 프랭크는 크라우드 소싱으로 만든 배틀 버니스 소설을 가장 자랑스러워한다. 《해리 포터》 스타일의 이 모험 소설에 등장하는 캐릭터들은 배틀 버니스 NFT 소유자의 이름을 땄다. 이 커뮤니티에서는 심지어 책에 등장하는 도시와 성, 늪 등의 이름을 짓는 콘테스트를 열기도 했다.

게임하러 왔다가 사람들 때문에 머문다

커뮤니티를 만드는 사람들은 커뮤니티라는 공간이 투명성과 신뢰

를 바탕으로 해야 한다는 사실을 알고 있었다. 일부 초기 NFT 커뮤니티에는 미흡한 기획과 비현실적인 약속, '러그 풀$^{rug\ pull}$(가상 자산 개발자가 프로젝트에 대한 투자금을 모은 뒤 돌연 프로젝트를 중단하고 투자금은 돌려주지 않는 사기—옮긴이)' 같은 것들이 만연했다.

프랭크와 크리스타는 크리에이터로서 이미 팬층을 보유하고 있었기 때문에 그들에게는 기반이 존재했다. 그들은 팬들에게 투명성과 절대 적당히 타협하지 않는 품질, 그리고 장기적인 헌신을 약속했다. 이것은 두 사람의 적극적인 커뮤니티 참여와 회원들의 쉬운 접근을 통해 증명되었다.

"제 아내 크리스타와 저는 하루 종일 온라인에서 커뮤니티와 함께 시간을 보냅니다. 게임을 하고, 채팅을 하고, 여러 가지를 만들죠. 커뮤니티는 구성원 모두의 협업입니다. 제가 몇 가지 그림을 그리고 이야기를 조금 더 들려주긴 하지만 결국 우리는 모두 자유의지로 우리 커뮤니티에 소속한, 세상의 구성원이자 전달자니까요." 프랭크의 말이다.

"처음 제가 주목한 건 작품이었습니다. 그런데 작품을 만드는 동안 아티스트들과 '디스코드'로 이야기를 나누며 어울릴 수 있다는 게 정말 좋았어요. 그렇게 한참 수다를 떨다가 우리 모두 똑같은 비디오 게임을 좋아한다는 사실을 알았습니다. 그래서 이제는 함께 게임 나이트도 열어요!" 배틀 버니스 광팬인 C. O. 프로스트[C. O. Frost]의 말이다.

커뮤니티 창립자들의 솔직함과 직접적인 소통은 그 결실을 맺었다. 시작한 지 몇 주 만에 수백 명의 사람들이 그들의 디스코드 커뮤니티로 모여든 것이다. 그리고 2,000명이 넘는 사람들이 트위터로 그들의 발전 과정을 팔로우했다. 첫 300개의 배틀 버니 NFT는 이틀도 안 되어 매진되었으며 그렇게 20만 달러가 모였다.

프랭크의 평생의 꿈은 〈스타워즈〉 같은 거대한 프랜차이즈 영화를 만드는 것이었지만 거기 필요한 자금과 인맥, 그의 머릿속에서 아이디어를 끄집어내 현실로 만들어 줄 인력이 없었다. 그는 NFT 기반 전략을 통해 수십만 달러를 모으고, 협업할 팀을 구축했으며, 8개월 만에 첫 소설을 출간했다. 이 모두 커뮤니티가 그의 비전을 둘러싸고 뜻을 같이한 덕분이었다.

"이것은 제가 본 것 중 단연코 가장 빠른 속도로 성장 중인 친구들의 커뮤니티입니다. 이곳 사람들은 온갖 종류의 재미있고 창의적인 협업을 함께하고 있어요. 매우 강력하죠. 사람들이 하루에 15시간씩 친구들과 소통하고, 새 프로젝트를 만들고, 게임을 하는 것을 보았습니다. 언젠가 한 번 들어갔더니 싱가포르에서 온 여성분이 노래방 콘테스트를 열고 있더라고요. 라이브로 스트리밍되는 콘서트도 여러 번 열었습니다.

그리고 믿을 수 없을 정도로 친절하고 관대한 행동도 많았어요. 한 커뮤니티 회원이 첫 시작에 필요한 NFT를 살 돈이 부족하다고 하자 다른 회원이 그녀에게 NFT를 사주었습니다. 그런 일이 수십 번이나 있었어요. 예술 작품과 게임을 즐기기 위해 이 커뮤니티에 들어왔다가 주변의 사람들 때문에 나가지 않고 머물게 되는 거죠." 존의 말이다.

이 창의적인 사람들은 커뮤니티에서 만든 첫 번째 게임과 소설이 그저 거대한 프랜차이즈의 시작일 뿐이라고 생각한다. 그들은 더 많은 배틀 버니스 책과 장편 만화, 완구, 캐릭터로 가득 채워진 테마파크를 함께 꿈꾼다.

프랭크는 마침내 자신의 멋진 캐릭터 예술을 풀타임으로 창조하기 위해 타투 업계에서 은퇴했다. 누가 알겠는가? 얼마 지나지 않아 배틀 버니스가 동네 극장으로 당신을 찾아갈지.

12장
드러나지 않는 비밀 커뮤니티, 디지털 캠프파이어

새롭고 때로는 비밀스러운 커뮤니티들을 만들어 내는 사회적 변화를 언급하지 않고는 미래에 대해 온전히 논의할 수 없을 것 같다. 거대 IT 기업들이 메타버스 같은 뚜렷한 변화를 주도하고 있지만 동시에 많은 젊은이들이 주류에서 벗어나, 심지어 세상에서 동떨어져 소속될 수 있는 안전하고, 사적이고, 진실한 장소를 찾으며 마케팅 업계에 중요한 변화를 가져오고 있다.

페이스북과 인스타그램의 임원 출신이며, 작가이자 컨설턴트로 활동 중인 내 친구 새라 윌슨은 젊은 소비자들을 인터넷 세상의 한 구석으로 몰아가고 있는 마이크로트렌드를 연구 중이다. 새라는 이런 곳을 '디지털 캠프파이어'라고 부른다. 이곳은 고객들이 성공의 측정이나 감지로부터 드러나지 않는 밀폐된 곳으로, 양방향의 온라인 공간이다.

"연구에 따르면 젊은 사람들은 소셜 플랫폼의 수많은 사람들을 피해 한숨 돌리고 싶어 합니다. 이 수많은 사람 중에는 그들의 부모도 있을 수 있어요. 그들은 자신만의 온라인 벙커에 숨어 더욱 더 사적인 온라인 공간에서 친구들이나 자신만의 틈새 관심사를 공유하는 사람들하고만 소통하려고 합니다." 새라 월슨의 말이다.

디지털 캠프파이어의 3가지 유형

새라의 연구를 보면 디지털 캠프파이어에는 세 가지 유형이 있다. 바로 개인 메시지, 마이크로 커뮤니티, 공유된 경험이다.

개인 메시지 캠프파이어

30세 미만 젊은이 중 거의 3분의 2가 메신저나 왓츠앱 같은 개인 메시지 스레드로 소통하며 더 개방적으로 사생활을 공유하고 싶어 한다. 대체로 상업적 브랜드는 이런 개인적 채팅에 초대되지 않는다. 이에 일부 브랜드는 문자 메시지와 비슷한 기술을 채택하거나, 친구와의 개인적 대화에서 나타나는 친밀감을 모방하는 식으로 대응하기도 했다.

몇 가지 기술 솔루션이 만들어지고 있지만 이것은 마케터들이 접근하기에 가장 힘든 캠프파이어 커뮤니티다.

마이크로 커뮤니티 캠프파이어

마이크로 커뮤니티 캠프파이어는 페이스북 그룹, 슬랙, 디스코드 같은 플랫폼에 거주하는 사적인 부족이다. 이런 캠프파이어는 구글에 연동되지 않고 플랫폼 자체에서 광고하지도 않으니 기존의 방식으로는 찾기가 매우 어렵거나 불가능하다.

브랜드는 인플루언서들과 손을 잡고 기존의 마이크로 커뮤니티 캠프파이어에 접근하거나 아예 맨 밑바닥부터 자사의 캠프파이어를 피울 수 있다.

한 가지 예가 라틴아메리카 시장을 대상으로 '당신은 혼자가 아닙니다You Are No Alone'라는 캠페인을 펼친 탄산음료 '스프라이트'다. 이 회사는 구글의 검색 데이터를 사용해 젊은 고객들의 개인적 고충을 파악하고 레딧 포럼을 열어 현재 많은 이들이 공감하는 문제에 개인적 경험이 있는 인플루언서를 섭외해 운영을 맡겼다.

공유 경험 캠프파이어

아마도 경험 공유 캠프파이어의 가장 좋은 예는 3억 5,000만 명이 넘는 사용자를 갖춘 멀티플레이어 메타버스 게임 '포트나이트'일 것이다. 나는 가입하지 않았다. 게임을 시작할 때마다 바로 죽어 버리니 가입할 필요가 뭐가 있겠는가?

그래도 어쨌거나 포트나이트는 세계에서 가장 거대한 소셜 네트워크라고 말할 수 있다. 포트나이트를 플레이하는 십대 청소년 중 절반은 이 게임이 친구들과 어울리는 가장 좋은 길이라고 말한다. 그들이 이 메타버스에서 보내는 시간도 길다. 포트나이트 플레이어의 64퍼센트가 주당 5시간 이상 게임을 한다.

포트나이트는 게임인 동시에 커뮤니티에서 경험을 공유하는 촉매제다. 회원들은 자기가 좋아하는 스포츠 선수나 마블 캐릭터처럼 차려입으면서 말 그대로 브랜드에 소속될 수 있다. 다른 많은 성공적인 커뮤니티처럼 포트나이트도 코스프레, 댄스 경연대회, 콘서트 같은 **라이브 행사를 통해 회원들의 정서적인 유대를 강화**한다.

트위치는 커뮤니티가 거대 규모로 성장하는 또 다른 원천이다. 나 같은 포트나이트 초짜는 여기에 가면 죽는 일 없이 실력자들이 플레이하는 모습을 관전할 수 있다. 플레이어가 게임을 하며 해설을 하거나 회원들과 양방향 소통을 한다. 심지어 인기 높은 스트리머들은 유료 채널도 운영한다.

트위치는 음악이나 스포츠 같은 비게임 부문에도 진출했다. 커뮤니티 회원의 헌신도 부문에서는 하루 평균 사용 시간 90분으로 단연 두드러진다. "마케터라면 브랜드 커뮤니티와 문화적 관련성에 초점을 맞춰 경험 공유 캠프파이어에 접근하면 좋습니다." 새라의 말이다. NFL과 마블, 나이키 같은 브랜드들이 바로 그렇게 했다. 아이템(게임 내 플레이어의 아바타를 위한 무기와 옷 등)을 판매하고, 브랜드의 매시업 게임 모드를 만들고, 게임 속에서 한정판 제품 등을 제공하는 식으로 포트나이트의 방식을 활용해 팬 커뮤니티를 구축한 것이다.

커뮤니티 마케팅

디지털 캠프파이어가 촉발한 마케팅의 미래

이런 온라인 커뮤니티를 만드는 일은 마케터들에게 큰 도전 과제다. 이에 대해 새라는 다음과 같이 조언한다.

"지금 단계에서 마케터들은 무슨 일이 벌어지고 있는지만 알면 됩니다. 그리고 이런 캠프파이어 안에 살고 있는 잠재 소비자들의 커뮤니티에 접근하는 것이 어떤 의미를 갖는지도 알아야 하죠. 대부분의 경우 브랜드들은 청중을 알고 이해하는 데서 멀어졌습니다. 얼마나 많은 브랜드 리더들이 디스코드나 텔레그램에서 시간을 보내나요? 거기 사람들이 쓰는 새로운 '언어'를 알까요? 아무것도 모르는 상태라는 걸 인정하고 기본적인 조사부터 시작할 때입니다. 아마 여러분이 몰랐던 사실을 많이 알게 될 거예요.

마케팅의 미래는 상당 부분이 이런 캠프파이어 커뮤니티에서 만들어질 겁니다. 거기에서 문화가 만들어지고 있어요. 중요한 순간들도 탄생하고 있죠. 브랜드 커뮤니티들이 누구도 예상치 못했던 곳들에서 생겨나고 있어요. 조직 계층을 타파하고 우리가 찾을 수 있는 가장 젊은 사람들에게 시장 조사를 맡겨야 할 때가 된 건지도 모릅니다. 그 사람들은 이런 공간을 어떻게 이용하고 돌아다니면 좋을지 알고 있거든요."

마케터가 얻어야 할 깨달음은 간단하다. 과거에 통했던 것이 앞으로도 통할 것이라고 단정하지 않는 것이다.

"기존의 소셜 리스닝 플랫폼에는 문제가 많아요. 중요한 커뮤니티들이 만들어지고 있는 이러한 새로운 온라인 공간은 건드리지도 않거든요. 그 결과 많은 브랜드가 청중을 놓치고 있죠." 새라의 말이다.

비공개 커뮤니티를 마케팅에 활용하는 법

시간이 지나면 더 많은 사람들이 이와 같은 비공개 커뮤니티 공간으로 이동하며 페이스북 같은 공개 커뮤니티 포럼은 영향력을 잃게될 것이다. 특히 온라인 커뮤니티를 통한 브랜드 신뢰도가 18~24세연령대에서 가장 높기 때문에 마케터는 이런 환경에서 브랜드와 고객의 유대를 유지하기 위해 커뮤니티 접근법을 다시 생각해 봐야 한다.[1]이때 다음과 같은 것들을 고려하면 좋다.

1. 신뢰 얻기

소비자와 신뢰 관계를 구축하는 건 특히 젊은 청중을 대상으로 할때 커뮤니티 연결의 시작점과 같다. 새라는 다음과 같은 '5C' 접근법을 제시한다.[2]

- 커뮤니티 회원 돌보기Caring for community members 특별 선물, 가상 배지, 칭찬 등 캠프파이어 특혜를 제공한다.
- 협업Collaboration 사용자에게 공동 창조할 기회를 제공한다.
- 맞춤화Customization 맞춤식 캠프파이어 제품, 서비스, 경험을 제공한다.

커뮤니티 마케팅

- 콘텐츠 관리^{Content moderation} 참여 규칙을 두고 실시간 관리자를 임명한다.
- 일관성^{Consistency} 참가자들을 지속적으로 칭찬하고 보상한다.

2. 헌신적인 노력 창출하기

이런 틈새 공간에서는 문화적으로 딱 맞는 팀과 프로그램, 콘텐츠를 필요로 한다.

'앱솔루트 보드카^{Absolut Vodka}'는 젊은 세대와 연결하기 위해 이런 캠프파이어들을 표적으로 한 구체적인 프로젝트를 시작했다. 그들은 게임 커뮤니티의 참여도를 높이고 관계를 굳건히 하기 위해 트위치 스트리머들과 협업해 그들의 채널에서 대회를 열었다. 이런 대회는 트위치 홈에서 홍보해 캠페인이 더 먼 곳까지 닿게 했다. 트위치는 앱솔루트와 협의해 주류 홍보가 적절히 이루어짐은 물론 18세 미만 청중에게는 보이지 않게 했다.

인플루언서들의 재능을 이용하고 트위치에 잘 맞는 새로운 콘텐츠를 제작하는 일은 좋은 결실을 맺었다. 앱솔루트 보드카의 캠페인은 400만 조회수와 110만 개별 사용자 방문이라는 결과를 낳았다.[3]

3. 대상의 폭 줄이기

"디지털 캠프파이어는 소셜 네트워크를 대체하는 것이 아니라 보완하는 것이라고 보면 됩니다. 디지털 캠프파이어와 소셜 전략은 서로 다르지만 연관된 목적을 수행해야 합니다. 소셜 미디어는 일종의 디지털 광고판 역할을 하며 브랜드 인식을 구축하고, 제품 발견을 도모하며, 더 광범위한 문화와 시장 맥락에서 브랜드가 자리 잡도록 돕는 기능을 하거든요. 반면 디지털 캠프파이어는 지속적인 하이 터치(하이 테크 시대에 기술의 대척점에 있는 인간적인 감성을 말한다—옮긴이) 상호작용을 통해 핵심 커뮤니티를 구축하고 육성하는 역할을 합니다." 새라의 말이다.

좋은 예가 미국 음식점 체인 치폴레^{Chipotle}다. 그들은 디스코드에서 취업 박람회를 열어 단 일주일 만에 2만 3,000장이 넘는 입사 지원서를 받았다. 디스코드에서 존재감을 만드는 건 다른 채용 회사들이 평상시 하는 일과는 거리가 멀었고, 이는 특정한 목적의식을 지닌 고객과 관련성 높은 핵심 커뮤니티를 만들어 주는 역할을 했다.

4. 기존 캠프파이어들과 협력하기

이런 비공개 공간들과 연결하는 가장 효과적인 방법 중 하나는 기존 플랫폼과 협력해 고객 경험을 구축하는 것이다. 그렇게 하여 캠프파이어 내에 사람들을 유치할 수단을 만드는 것이 새롭게 떠오른 전략이다.

신발과 의류 브랜드 반스^{Vans}는 로블록스 내에 인터랙티브 스케이트보드 환경인 반스 월드$^{Vans\ World}$를 만들었다. 여기에서 거의 5,000만 명이나 되는 사용자가 매일 함께 어울리고, 스케이트보드 동작을 연습하고, 개인별 가상 의류와 장비를 디자인할 수 있다. 그리고 앞으로의 디자인에 참고할 수 있도록 '커뮤니티 회원들이 제품과 어떤 식으로 상호작용하는지' 데이터를 수집한다. 반스 월드는 매출 증대 수단이자 다른 커뮤니티 내 고객 경청 채널 역할을 한다.

커뮤니티의 기술적·사회적 역할은 앞으로 우리가 맞닥뜨릴 수 있는 브랜드 마케팅 도전 과제를 더욱 복잡한 동시에 흥미롭게 만들어준다. 그것이 바로 마케팅이 영원히 까다로우면서도 재미있는 주제인 이유가 아닐까.

지금까지의 이야기로 커뮤니티 마케팅이 가지고 있는 거대한 기회를 접하고 영감을 얻었기를 바란다. 금세 해낼 수 있거나 쉬운 일은 아니다. 훌륭한 마케팅은 다른 것에 순응하지 않고 남들을 따라가지 않는다. 남들에게 순응하지 않고 자신만의 독특하고 의미 있는 길을 찾아 고객의 관심을 얻는 데서 성공을 얻을 수 있다. 이제는 남들과 똑같은 광고라는 길에서 벗어나 무언가 대담하고, 재미있고, 놓칠 수 없는 것, 고객이 조금이라도 빨리 당신의 브랜드에 속하고 싶어 하게 될 무언가를 만들 시간이다.

'에필로그'에서는 당신과 작별하기 전에 내가 개인적으로 경험한 커뮤니티 교훈 몇 가지를 공유하고자 한다.

잭 인 더 박스, 캠프파이어에 둘러앉아 나눠 먹는 햄버거

요약: 패스트푸드 체인 하나가 디스코드에서 대소동을 일으키며 올빼미족들에게 매력을 발산하다.

미국인은 햄버거를 사랑한다. 거대한 수제 햄버거부터 슬라이더라 불리는 미니 햄버거까지 패스트푸드 소비자의 시선을 끌기 위해 경쟁하는 햄버거의 종류는 끝이 없다.

가성비가 좋은 메뉴, 가족 친화적인 인테리어, 천연 재료만 사용하는 식당 등, 생각할 수 있는 시장마다 이미 특화된 햄버거 체인들이 자리를 잡고 있다. 그런데 조금은 이상한 곳이 하나 있다.

샌디에이고를 중심으로 한 잭 인 더 박스Jack in the Box는 미국에서 꽤 규모가 큰 패스트푸드 체인 중 하나다. 24시간 영업하기 때문에 이 회사의 마케팅은 주로 젊은 게이머와 학생, 저녁으로 간단한 아침 식사 메뉴를 먹고 싶어 하거나 새벽 2시에 타코를 먹고 싶어 하는 올빼미족을 대상으로 한다. 그렇다면 밤샘을 하는 동안 허기를 달래기를 원하는 사람들을 찾기에 어마어마한 수의 진성 팬이 모이는 연례 미디어 축제인 '코믹콘Comic-Con'보다 더 나은 곳은 없을 것이다.

코믹콘 같은 거대한 행사에서 브랜드들은 어마어마한 돈을 들여

라이브로 몰입형 경험을 제공하는 것이 보통이다. 그런데 잭 인 더 박스는 온라인 '애프터 파티'를 열며 색다른 시도를 했다. '잭의 한밤의 디스코드Jack's Late Night Discord'라는 행사를 열어 제품을 무료로 나누어 주고, 라이브로 그림을 그려 주고, 슈퍼히어로 복장을 한 록밴드의 공연을 연 것이다.

그 회사는 젊은 세대를 지향하는 크리에이티브 대행사를 고용해 관련 콘텐츠와 언어를 지원받았다. 문화를 우선으로 한 이러한 접근법을 통해 그들은 주말 동안 7,664명의 새로운 올빼미 팬들을 모았고

2만 7,000개가 넘는 메시지를 받았다.[4]

그들은 이 유일무이한 캠프파이어를 통해 디지털을 우선하는 Z세대 소비자들과 문화적으로 연결될 수 있었다. 그리고 이것은 일회성 행사가 아니다. 잭 인 더 박스는 젊은이를 대상으로 하는 인플루언서, 아티스트, 크리에이터들과 파트너십을 맺었으며, 디스코드는 물론 트위치와 레딧에서도 강력한 존재감을 유지하고 있다.[5]

에필로그
나에서 우리로

1장에서 내가 십대 시절에 외로움으로 인해 매우 힘들어 하다가 연극반 커뮤니티에 들어가면서 되살아났던 이야기를 했다.

아이러니하게도 나는 여전히 꽤 고립되고 외로운 삶을 살고 있다. 물론 스스로 그렇게 정한 것이기는 하지만 말이다. 수십만 명의 소셜 미디어 팔로워와 팬들이 있지만 나는 글을 쓰고, 조사를 하고, 고객을 도우며 우리 집 뒤편 숲속에 자리한 사무실에서 대부분의 시간을 홀로 보낸다.

전 세계에 멋진 독자가 있다는 건 정말로 감사한 일이다. 몇 년 전, 캘리포니아에 사는 어떤 사람이 내게 이런 메시지를 보냈다. "나는 당신과 함께 하루를 시작합니다. 아침에 일어나 커피 한 잔을 마시고 이메일을 열어 당신이 그날 블로그에서 어떤 글을 보냈는지 확인

하죠."

나는 이 사람의 삶에서 한 자락을 차지하고 있다. 얼마나 고맙고 멋진 일인가. 그런데도 그를 한 번도 만난 적이 없고 앞으로도 그럴 것이다. 아마 나는 이 글을 읽고 있는 당신도 모를 가능성이 높다. 조금 슬픈 일이긴 하다. 당신은 이 책을 끝까지 읽어 주었다. 우리가 언제 만나게 될지는 모르겠지만 일단 지금 나의 감사 인사를 받아 주기 바란다.

이렇듯 내 청중들에게 고마운 마음을 가지고 있다. 하지만 그건 커뮤니티가 아니다. 내 삶의 최근 3분의 1을 들여다보면서 더 이상 혼자 있어서는 안 되겠다는 판단을 내렸다. 그래서 나만의 커뮤니티를 한번 만들어 보기로 했다.

쓰디쓴 실패를 통한 교훈

나는 커뮤니티를 만드는 데 몇 번이나 실패했다.

페이스북 그룹이나 링크드인 그룹을 이끌려 했지만 결국에는 내가 대화를 주도하지 않으면 아무 일도 일어나지 않았다. 그건 커뮤니티가 아니라 한 개인을 숭배하는 집단이라고 할 수 있었다. 사람들은 서로를 위해서가 아니라 나를 위해 모였다. 거기엔 서로를 한데 모아 주는 목적의식 따윈 없었다.

나는 오프라인 행사에서 사람들을 모으려 애썼다. 3년 동안 소셜 슬램^{Social Slam}이라는 이름으로 나만의 전국 컨퍼런스를 개최했다. 행사 3년차에 12개 국가 28개 주에서 700명의 사람들이 모였다. 대단한 성과였지만 나는 비참했다. 컨퍼런스에 참석한 사람들은 커뮤니티가 아니라 잠깐 모였다가 떠나가는 한 무리의 사람들이었기 때문이다. 커뮤니티를 만드는 건 믿을 수 없을 정도로 힘든 일이었다. 컨퍼런스가 끝날 때마다 나는 녹초가 되었고 누구도 실제로 만난 것 같지 않은 기분이 들었다. 그래서 그만두었다.

《인간적인 브랜드가 살아남는다》의 자료를 조사하고 원고를 쓸 때 나는 사람들을 한데 모으는 것이 얼마나 가치 있는 일인지 다시 깨달았고 커뮤니티 구축을 다시 한 번 시도해 보기로 했다. 하지만 이번에는 완전히 다른 식이어야 했다. 마치 대가족 모임처럼 규모가 작고 서로 연결되어 있어야 했다.

약 30명 정도가 적당할 듯했다. 그래서 '더 업라이징'이라는 이름의 마케팅 워크숍을 만들었다. 우리는 테네시주 녹스빌 근처의 한 숲속 통나무집에서 모여 3일 동안 마케팅의 미래에 대해 이야기를 나누었다. 그리고 마지막으로 단독 컨트리뮤직 콘서트로 행사를 마무리했다. 그러자 마법과 같은 일이 벌어졌다. 통나무집으로 돌아왔을 때 내 친구 제프가 내 양어깨를 붙들고 내 눈을 들여다보며 말했다. "이번 모임은 완벽했어."

아무도 집에 가고 싶어 하지 않았다. 서로 이어진 유대감을 끊고 싶지 않았다. 이 책에 나온 많은 사례 연구처럼 커뮤니티의 시작은 작은 모멘텀에서 나온다. 모임 하나가 더 큰 것으로 이어지는 것이다.

나는 더 업라이징의 불꽃에 부채질을 해서 이것을 진짜 커뮤니티로 바꿀 수 있었다. 하지만 생각지 못한 난관이 나를 기다리고 있었다.

코로나19로 탄생한 업라이징 온라인

첫 번째 워크숍의 성공을 바탕으로 나는 즉각 더 많은 업라이징 행사를 계획했다. 그런데 그때 코로나19 팬데믹이 닥쳤다.

세상의 모든 것이 그 자리에 멈춰 섰고, 목을 조여 오는 듯한 두려움 속에 라이브 행사를 위해 많은 사람이 한자리에 모이는 것이 불가능해졌다.

많은 사업이 온라인으로 옮겨 갔고 더 업라이징 친구들 역시 내게 이 모멘텀을 유지해 온라인 행사를 열라고 격려해 주었다. 그 무엇도 우리가 함께 즐겼던 맛있는 음식과 숲속의 산책, 온갖 삶의 경험이 담겨 있던 대화를 대신할 수는 없겠지만 최소한 서로 간의 연결이 끊어지지 않게 할 수는 있었다. 그렇게 해서 더 업라이징 온라인이 탄생했다.

더 업라이징 온라인 역시 큰 성공이었다. 잠시 어려움이 있었지만 연결을 유지하고 친목을 도모하도록 도와주었기 때문이다. 온라인에서 한 덕분에 미국에서 열린 행사에 참석하기 힘들었던 많은 외국 참가자들을 초대할 수 있었다.

더 많은 행사와 함께 회원 수가 늘어나자 실패했던 페이스북 그룹을 다시 열었다. 더 업라이징 참석자들은 모두 성공적인 인물들이었고, 바쁜 사람들이었다. 그들은 페이스북 그룹에서 잡담을 나눌 시간이 없었다. 가끔씩 인사를 하는 정도는 되었지만 대단히 의미 있는 일은 일어나지 않았다. 다시 한 번 예전처럼 개인을 숭배하는 집단으로 돌아갔고 그것은 내가 커뮤니티에서 원하는 것과 정반대되는 것이자 외로워지는 또 다른 길이었다.

우리 그룹에는 정서적인 유대와 사람들을 한데 모아주는 목적의식(마케팅의 미래를 배운다)이 있었지만 시간이 흘러도 집중력을 유지시켜 주고 서로 연결해 주는 공통의 활동이 없었다.

그러던 중 2021년 나는 암호화폐로 담보되는 크리에이터 코인 $RISE(쓸데없는 소음을 벗어나 위로 올라가자는 의미로)를 만들었다. 솔직히 자신은 없었으나 그렇다고 해서 그만둘 내가 아니었다. 나의 커리어는 말 그대로 실험의 연속이었고, 나는 무슨 일이든 잘 모르는 채로 뛰어들었으니 이 일도 다를 바가 없었다.

하지만 코인 발행은 한 가지 중요한 점에서 다른 실험들과 완전히 달랐다. 이 실험은 내가 원하는 결과물이 무엇인지 정확히 알고 있다는 점이다. 바로 커뮤니티였다. 나는 그것이 가장 성공 확률이 높고 어쩌면 나의 마지막 성공 가능성일 수도 있다고 생각했다. 그리고 이 책을 쓰는 중이었으니 조금 위험한 불장난일지라도 커뮤니티 교훈을 직접 배워야 한다고 생각했다.

그런데 세상에, 그 불은 생각보다 훨씬 컸다.

웹3.0 실험, 코인을 발행하다

크리에이터 코인의 시작은 커뮤니티 구축을 위한 나의 다른 시도에서는 없던 중요한 이점을 제공해 주었다. 바로 사람들을 한데 모으는 목적의식과 지속적으로 연결을 유지해야 할 이유였다. 나는 더 업라이징 회원과 나의 가장 열정적인 팬들에게 코인을 나누어 주었다. 모두가 조금은 낯선 이 웹3.0 실험에 매료되었고 나와 같이 더 많은 걸 배우고 싶어 했다.

처음에는 이메일 업데이트를 통해 모든 걸 관리했다. 내가 배운 교훈들을 전달하고, 함께 이야기를 나누고 소통할 수 있는 줌 미팅 같은 활동을 마련했다. 하지만 우리가 만날 수 있는 고정된 온라인 플랫폼이 필요해졌다.

커뮤니티에서 투표를 했고 슬랙과 디스코드 사이에서 의견이 갈렸다. 그러던 중 한 회원이 "우리는 지금 웹3.0에 대해 배우고 있잖아요. 이참에 이곳도 배워야 해요"라고 말하는 바람에 나는 게이머들이 주로 모이는 곳인 디스코드를 선택했다. 그것이 커뮤니티의 목적의식과 일치하는 것처럼 보였기 때문이다.

일단은 우리 문화의 시작인 기본 규칙을 정했다. 모두가 환영이다. 다른 디스코드 커뮤니티의 상징이라고 할 수 있는 여러 가지 유해한 활동은 용납되지 않았다. 처음 몇 주간은 누군가 다른 회원에게 불쾌한 발언을 하면 나는 그 글을 삭제하고 부드럽게 그 사람을 나무랐다. 이곳을 모두에게 안전한 곳으로 만들고 싶었다. 글쓰기 프로젝트와 마케팅의 미래, 많은 다른 주제에 해당하는 채팅방을 만들었다. 곧 그곳이 활기찬 대화로 채워졌다. 우리 모두는 매일 새로운 것을 배우고 있었다.

코인으로 구매할 수 있는 프리미엄 콘텐츠와 서비스도 제공했지만 그것은 지금 만들어지고 있는 이 놀라운 커뮤니티보다 중요할 수는 없었다. 라이즈의 회원들은 친구가 되어 서로 협력하며 나를 돕기 위해 여러 역할을 자처하고 나서기 시작했다. 나 역시 대화에 간간이 끼어들었지만 대화를 이끌 필요는 없었다. 커뮤니티 회원들이 나서서 소통하고, 공유하고, 학습하고, 토론했다. 항상 예의 바르게 말이다. 그렇게 모멘텀이 만들어졌다.

그로부터 6개월 후, 약 250명의 사람들이 사이트에서 활동했고 그중 15퍼센트 정도는 최소 일주일에 한 번 이상 활동했으니 꽤 괜찮은 참여율이었다.

그런데 그 위에는 먹구름이 끼어 있었다.

$RISE 코인을 산 사람 중에 커뮤니티에 아무 관심이 없는 사람들이 있었다. 그들은 커뮤니티를 지켜보기만 하다가 코인이 처음 출시되었을 때 달려들어 값싼 토큰을 수천 달러어치씩 사들였다. $RISE 코인의 가치가 몇 센트 상승하면 재빨리 팔아 약간의 수익을 올렸다. 그러면 암호화폐로 담보되는 내 코인이 마치 상품처럼 이리저리 거래되었고, 커뮤니티는 그렇게 모르는 사람에 의해 끌려다녔다. 그건 내가 원한 게 아니었다.

2022년 봄이 되자 유럽의 전쟁과 인플레이션, 경제적 불확실성이 합쳐져 소위 암호화폐의 겨울이 닥쳤다. 비트코인은 단 몇 주 만에 가치가 80퍼센트나 떨어졌다. 모든 암호화폐가 사상 유례없는 바닥을 쳤다.

암호화폐의 붕괴가 시작되자 나의 최대 '투자자들'이 겁에 질려 마구 팔아치우기 시작했고 단 48시간 만에 놀랍게도 35만 개의 $RISE 코인이 매각되었다. 상대적으로 내가 아는 것 중에 그 시점까지 다른 크리에이터 커뮤니티의 최대 대량 매각은 코인 8,000개였는데 말이다.

내가 수천 개의 코인을 나눠 주긴 했지만 나의 친구와 팬들 상당수는 자비로 투자하기도 했다. 현재 라이즈 커뮤니티 사람들이 금전적 수익을 얻을 가능성은 앞으로 여러 달, 어쩌면 여러 해 동안 어려울 것 같다. 그 붕괴 과정은 대략 아래의 그래프와 같다고 할 수 있다.

내가 통제할 수 없는 일이긴 했지만 나는 '대재앙 관련 안내호^{The} ^{Cataclysm Edition}'라는 제목으로 회원들에게 이메일을 보내 이 상황을 설

$RISE 코인의 가격 등락 그래프

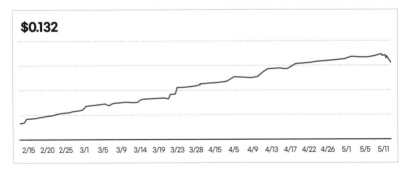

커뮤니티 마케팅

명했다. 정말로 참담했다. 전 세계적인 여파의 피해자이긴 했지만 그 순간에 커뮤니티에 지운 짐은 내 책임이라고 생각했다. 나의 메시지는 이러했다. "나쁜 상황이지만 제가 여기 있습니다. 저는 아무 데도 안 갑니다."

그 당시 나는 오스틴에서 열린 컨퍼런스에서 강연을 했고, 강연이 끝난 뒤 호텔 수영장 물가에 앉아 한 시간 정도 음악을 들으며 이 모든 스트레스와 대혼란의 와중에서도 마음의 평안을 찾으려 했다. 그리고 내 방으로 돌아갔을 때 평생 잊을 수 없는 일이 일어났다. 커뮤니티 회원들로부터 150개가 넘는 이메일이 도착해 있었던 것이다. 그들은 오히려 나를 격려했다.

"전 안 팝니다. 저도 함께해요."

"괜찮아요. 저도 아직 여기 남았습니다. 우리 모두 남아 있어요."

"할 수만 있다면 지금 코인을 가지고 있는 다른 사람들의 눈을 들여다보고 '함께 어깨동무를 하고 이 사태를 이겨냅시다'라고 말하고 싶어요."

"아무도 실망시킨 게 아닙니다. 저를 포함한 당신의 팬들이 모두 함께하고 있어요. 마크 셰퍼를 믿으니까요. 우리 모두 돌아옵니다."

뮤지션인 토드 스미스^{Todd Smith}는 내 기운을 북돋기 위해 노래를 만들어 보내 주었다. 이 격려의 메시지를 읽고 있노라니 저절로 눈물이 났다. 그건 단순한 격려가 아닌 사랑이었다.

커리어 인생에서 처음으로 '나' 혼자가 아니라고 느껴졌다. 나는 낯선 청중에게 매주 콘텐츠를 보내는, 세상에 홀로 존재하는 크리에이터가 아니었다. 여기엔 '우리'가 있었다. 내겐 커뮤니티가 있었다.

사태가 조금 진정되고 난 뒤 알아보니 그 코인을 가지고 있던 1,200명이 넘는 사람들 중 상황에 휩쓸려 코인을 팔아치운 사람은 여덟 명에 불과했다.

이 위기는 우리를 더욱 가깝게 만들어 주었다. 나는 그 사람들의 지원과 격려에 너무나도 감동해 이 위기를 함께 버텨 낸 모든 사람에게 기념 NFT를 발행했다. 커뮤니티에 소속된다는 가치가 토큰이 갖는 금전적 가치를 뛰어넘은 것이다.

커뮤니티가 만들어 낸 더 큰 기회

내 커뮤니티 성공의 핵심 부분은 사람들이 참여하고, 협력하고, 관계를 구축하게 만드는 다음과 같은 활동들이었다.

- 메타버스에서의 파티와 스터디
- 책, 팟캐스트, 기타 콘텐츠 협업
- 독점 교육 웨비나
- 커뮤니티 줌 미팅
- 전 세계에서의 라이브 미팅

내가 이 중 일부에 관여해 보기도 했고 분명 이 커뮤니티의 '문화'

에 영향을 미치긴 했지만 모멘텀의 대부분은 커뮤니티 구성원들이 만들어 낸 것이다. 이런 행사들은 제일 중요한, 커뮤니티 구성원 개개인을 인정하고 그들에게 지위를 부여하는 기회를 제공해 주기도 했다.

이 시점에서 우리 커뮤니티는 구성원들의 주도하에 더 큰 기회와 협력을 향해 나아갔다. 그리고 처음 우리를 한데 모아 주었던 크리에이터 코인이라는 개념을 넘어서 훨씬 크게 자라났다.

그다음 단계는 무엇이며 나에게는 어떤 이익이 될 것인가? 우리 커뮤니티는 마케팅의 미래를 배우며 성장할 수 있는 안전한 장소다. 그리고 마케팅이 예상치 못한 너무나도 많은 방면에서 변화하고 있기 때문에 실험하고 성장할 기회는 무수히 많다. 구체적인 비전이나 종점을 생각해 둔 건 없다. 우리의 잠재력을 결정짓는 건 커뮤니티 사람들이 가진 축적된 힘이기 때문이다. 나는 그저 커뮤니티가 구성원 모두를 흥미롭고 새로운 방향으로 이끌어 가게 놔두기만 하면 된다.

이 커뮤니티에서 직접적으로 수익을 창출할 전략을 세운 적은 없다. 간접적으로 우리 회원들이 내게 컨설팅과 교육, 강연 등을 의뢰한 적은 많다. 하지만 그건 중요한 것이 아니고, 커뮤니티가 존재하는 이유도 아니다.

나는 대략 한 시간에 한 번쯤 들어가 우리 라이즈 커뮤니티에 어떤 흥미로운 아이디어들이 돌아다니고 있는지 확인한다. 이 사람들은 내 친구들이다. 그들은 내게 도전 과제를 주고, 나를 가르쳐 주고, 나를 새로운 방향으로 이끈다. 호기심이 많은 사람으로서 나는 이보다 더 재미있거나 활력을 주는 일이 무엇이 있을지 모르겠다.

나는 숲속 언덕 위에 있는 내 사무실에서 여전히 대부분의 시간을 보내지만 더 이상 혼자가 아니다. **나는 커뮤니티에 속해 있다.**

커뮤니티는 우리의 삶을 자랑스러워할 수 있는 길이다

얼마 전에 《초우량 기업의 조건》을 쓴 유명 작가 톰 피터스**Tom Peters**를 인터뷰했다. 톰은 40년 넘게 영향력 높은 경제경영 작가이자 전략가로 이름을 떨쳤으며 나의 팟캐스트 인터뷰는 그의 은퇴 기념 강연회 막바지에 녹화된 것이었다. 나는 그에게 이런 질문을 했다. "이 팟캐스트를 듣고 있는 수천 명의 마케팅 전문가들에게 마지막으로 가장 중요한 조언을 해 주실 수 있을까요?"

그는 잠시 말을 멈추더니 이렇게 말했다. "밤에 집에 돌아가면 그날 했던 일을 자랑스럽게 생각하시나요? 자신이 하는 마케팅 일에 대해 가족에게 자랑스럽게 말할 수 있나요?"

나는 그것이 너무나도 뜻밖이지만 동시에 가슴 찡한 조언이라고 생각했다. 이 책을 쓰는 내내 그의 말이 머릿속을 맴돌았다. 목적의식으로 움직이는 브랜드 커뮤니티에 커리어를 바치는 것은 분명 우리가 매일 자랑스러워할 수 있는 일이기 때문이다. 그렇다. 커뮤니티 기반 마케팅은 우리 회사를 도울 수 있고 어쩌면 고객들에게도 영감을 불어넣을 수 있다. 그리고 커뮤니티는 마케터로서 우리의 삶을 우리가 자랑스러워할 수 있는 길이기도 하다. 세상에서 '가장 소속감 충만한 사람들로 가득한' 회사를 만드는 것도 대단한 유산 아니겠는가?

    이 책은 여기에서 마무리하지만 이것은 우리 우정의 시작이 될 것이다. 내 커뮤니티에 대해 더 많은 것을 알고 싶거나 거기에서 활동하고 싶다면 www.businessesGROW.com/belonging을 찾아 주기 바란다. 이 커뮤니티는 무료이며 누구나 환영이다.

    이 책이 마음에 든다면 친구들에게도 널리 알려 주기 바란다.

    지금까지 함께해 준 것에 진심으로 감사한다. 이제 얼른 가서 자신만의 커뮤니티를 키워 보자.

추가 학습 자료

이 책은 커뮤니티 기반 마케팅 전략의 개요서다. 그러므로 이것이 앞으로 당신의 여정의 시작이 되었으면 한다. 나와 연락을 지속하며 학습을 이어 나갈 수 있는 방법을 몇 가지 소개하고자 한다.

www.businessesGROW.com/belonging에는 다음을 포함해 몇 가지 유용한 자료들이 있다.

- 학생과 교사에게 좋은 무료 학습 가이드
- 커뮤니티와 소속감에 대한 새로운 기사 링크
- 라이즈 학습 커뮤니티에 가입하는 자세한 방법
- 커뮤니티의 심리학에 관한 기초적인 개념이 담긴 무료 연구 논문

커뮤니티 관리에 필요한 상세한 전략을 알아보고 싶으면 다음과 같은 책을 추천한다.

- 데이비드 스핑크스^{David Spinks}의《소속의 비즈니스^{The Business of Belonging}》
- 프리야 파커^{Priya Parker}의《모임을 예술로 만드는 법》
- 제니 앨런^{Jennie Allen}의《당신의 사람들을 찾아라^{Find Your People: Building Deep Community in a Lonely World}》

이 외에도 커뮤니티에 진심이라면 다음의 연구 논문을 살펴보기를 바란다. 온라인에서 무료로 볼 수 있고 커뮤니티에 대한 수십 년에 걸친 심리학과 사회학 자료가 담겨 있다.

프란시스코 J. 마르티네즈-로페즈^{Francisco J. Martinez-Lopez}, 라파엘 아나야-산체스^{Rafael Anaya-Sanchez}, 로시오 아귈라-일레스카스^{Rocio Aguilar-Illescas}, 세바스찬 몰리닐로^{Sebastian Molinillo} 공저, 〈온라인 브랜드 커뮤니티: 브랜딩과 마케팅에 소셜 웹 이용하기^{Online Brand Communities: Using the Social Web for Branding and Marketing}〉.

감사의 말

내게 있어 책을 쓰는 건 석사 학위를 한 번 더 따는 것과 마찬가지였다. 2년 동안 조사하고, 연구하고, 글을 썼으며 그 과정에서 영향력 있는 많은 선생님들을 만났다. 나의 열 번째 책인 이 책은 심리학, 사회학, 보건의료, 마케팅 분야에서 수십 명의 연구 조사 내용을 바탕으로 한 것이다. 내가 한 일은 그들이 어렵게 얻은 이야기를 보기 좋게 다듬어 글로 써낸 것뿐이다.

3장에서 커뮤니티의 많은 혜택에 대해 썼다. 거기에서 언급하지 않은 한 가지가 있는데 그건 바로 우정이다. 마케팅이라는 프레임워크에 잘 어울리지 않는다고 생각해서 뺄 수밖에 없었다. 하지만 내 초기 원고를 읽고 베타테스터 역할을 해 준 특별한 라이즈 커뮤니티 친구들의 격려가 없었다면 이 책을 쓸 수 없었을 것이다. 이런 영웅적이고 놀라운 지원과 격려를 아끼지 않은 다음의 친구들에게 감사의 말

커뮤니티 마케팅

을 전한다.

- 프랭크 프렌더개스트^{Frank Prendergast}
- 주세페 프라토니^{Giuseppe Fratoni}
- 서맨사 스톤^{Samantha Stone}
- 레베카 윌슨^{Rebecca Wilson}
- 잭 사이퍼트^{Zack Seipert}
- 조너선 크리스천^{Jonathan Christian}
- 루스 하트^{Ruth Hartt}
- 카린느 아부

우리 팀원인 연구원 맨디 에드워즈^{Mandy Edwards}, 편집자 엘리자베스 리^{Elizabeth Rea}, 이블린 스타^{Evelyn Starr}, 디자이너 켈리 엑서터^{Kelly Exeter}, 오디오 편집자 베키 니먼^{Becky Neiman}에게도 감사한다. 그리고 아이리스 로자스^{Iris Rojas}는 아름다운 목소리로 내 오디오북을 소개해 주었다.

4장에서 등장한 '보스 맘'의 주인공 데이나 맬스태프는 많은 시간 나와 함께하며 그녀의 커뮤니티 성공의 세세한 부분들을 알려 주었다. 또한 이 책의 오디오 버전에서 자신이 등장하는 장을 녹음해 주기도 했다.

이 책을 쓸 당시 나는 책에 완전히 집착하며 까다롭게 굴었다. 매일, 문장 하나하나를 쓸 때마다 당신(그래, 당신 말이다!)을 머릿속에

떠올리며 '당신을 실망시킬 수는 없지'라고 생각했다. 당신이 시간을 들일 가치가 있는 책, 아름답고, 대담하며, 진실과 희망으로 채워진 책을 써야만 했다.

이 광적인 글쓰기 모드 속에서 당신을 향한 이런 나의 약속은 몇 달 동안 내 머릿속을 지배했다. 나는 그 생각과 함께 잠들고, 그것을 꿈꾸고, 이 책을 더 좋게 만들기 위해 해야 할 일들을 떠올리며 잠에서 깼다. 이 좀비 같은 생활 속에서 인내심을 가지고 차분히 나를 지원해 준 건 바로 내 아내 레베카였다. 아내는 단순히 내 행동을 참고 이해해 준 것이 아니라 나의 비전을 실현 가능하게 해 주었다.

여기까지 이 책을 읽었다면 당신은 정말로 멋진 사람이다. 고맙고 감사한다.

나의 모든 재능은 하느님이 주신 것이다. 이 책이 하느님께 조금이라도 영광을 바칠 수 있기를 기도한다.

미주

프롤로그 왜 커뮤니티에 주목하는가

1 매킨지앤드컴퍼니는 〈소비자 의사결정 여정^{The consumer decision journey}〉부터 시작해 〈10년간의 소비자 의사결정 여정^{Ten years on the consumer decision journey: Where are we today?}〉(매킨지 블로그 새 소식, 2017년 11월 17일)까지 10년간 소비자 행동에서 일어난 극적인 변화를 기록했다.

2 《인간적인 브랜드가 살아남는다》에서 나는 수십 가지 업계를 아우르는 수천 건의 고객 인터뷰를 통해 이 사실을 제시했고, 바이어 페르소나 인스티튜트의 CEO 아델 레벨라는 마케팅이 B2B 구매 결정에 영향을 미친다는 증거는 거의 전무하다는 결론을 내렸다.

3 "105 Online Community Statistics To Know: The Complete List"(2022), https://peerboard.com/resources/onlinecommunity-statistics.

1장 디지털 네이티브, 가장 외로운 세대

1 Daniel Cox, "Growing Up Lonely: Generation Z," Institue for Family Studies, April 6, 2002, https://ifstudies.org/blog/growing-up-lonely-generation-z.

2 이 섹션의 통계치는 〈뉴욕타임스〉에 게재된 데이비드 브룩스의 〈사회적 부의 맹점^{The Blindness of Social Wealth}〉(2018년 4월 16일)에서 가져온 것이다. htts://www.nytimes.com/2018/04/16/opinion/facebook-social-wealth.html.

3 Minda Zetlin, "Millenials are the Loneliest Generation" Inc, https://www.inc.com/minda-zetlin/millennialsloneliness-no-friends-friendships-baby-boomers-yougov.html.

4 Vivek Murthy, "Work and the Loneliness Epidemic," *Harvard Business Review*, September 26, 2017, https://hbr.org/2017/09/work-and-the-loneliness-epidemic.

5 Tom Morris, "Just what's happening with the metaverse?" GWI Blog. May 3, 2022. https://blog.gwi.com/chart-of-theweek/metaverse-predictions/.

6 Julianne Holt-Lunstad, Timothy B. Smith, Mark Baker, Tyler Harris, David Stephenson, "Loneliness and social isolation as risk factors for mortality: a meta-analytic review." *National Library of Medicine Journal* 10, no. 2 (March 2015): 227-37.

7 Holt-Lunstad et al., "Loneliness and social isolation."

8 Jean M. Twenge, Jonathan Haidt, Andrew B. Blake, Cooper McAllister, Hannah Lemon, Astrid Le Roy, "Worldwide increases in adolescent loneliness." *Journal of Adolescence* 93 (December 2021): 257-69.

9 Twenge et al., "Worldwide increases."

10 Andre Dua, "How Does Gen Z see its Place in the Working World? With Trepidation." McKinsey Newsletter October 19, 2022. https://www.mckinsey.com/featured-insights/sustainable-inclusive-growth/future-of-america/howdoes-gen-z-see-its-place-in-the-working-world-withtrepidation.

11 Stephanie Kramer, "U.S. has world's highest rate of children living in single-parent households." Pew Research Center, December 12, 2019. https://www.pewresearch.org/fact-tank/2019/12/12/u-s-children-more-likely-thanchildren-in-other-countries-to-live-with-just-one-parent/.

12 Daniel A. Cox, "Emerging Trends and Enduring Patterns in American Family Life." Survey Center on American Life. February 9, 2022. https://www.americansurveycenter. org/research/emerging-trends-and-enduring-patterns-inamerican-family-life/.

13 Daniel A. Cox, "Emerging Trends."

14 Matt Richtel, "'It's Life or Death': The Mental Health Crisis Among U.S. Teens." *The New York Times*, May 3, 2022. https://www.nytimes.com/2022/04/23/health/mentalhealth-crisis-teens.html.

15 dcdx. "2022 Gen Z Screen Time Report." https://dcdx.co/2022-gen-z-screen-time-report-download.

16 Jean M. Twenge, "Have Smartphones Destroyed a Generation?" *The Atlantic*, September 2017. https://www.theatlantic.com/magazine/archive/2017/09/has-

커뮤니티 마케팅

thesmartphone-destroyed-a-generation/534198/.

17 Matt Richtel, "The Mental Health Crisis."

18 Liz Mineo, "Good genes are nice, but joy is better." *The Harvard Gazette*, April 11, 2017. https://news.harvard.edu/gazette/story/2017/04/over-nearly-80-years-harvard-studyhas-been-showing-how-to-live-a-healthy-and-happy-life/.

19 Robert Waldinger, "What makes a good life? Lessons from the longest study on happiness." Filmed 2015 at TEDxBeaconStreet. Video. https://www.ted.com/talks/robert_waldinger_what_makes_a_good_life_lessons_from_the_longest_study_on_happiness?language=en.

20 First Round Capital, "State of Startups 2019." https://stateofstartups2019.firstround.com/.

21 온라인 커뮤니티 멤버십의 혜택을 알려 주는 연구 논문은 많지만 그중에서도 이현영, 이두희, 이종호, 테일러 R. 찰스[Taylor R. Charles]의 〈온라인 브랜드 커뮤니티는 소비자와 관계를 구축하고 유지하는 데 도움이 되는가? 네트워크 이론 접근법[Do online brand communities help build and maintain relationships with consumers? A network theory approach]〉, (Journal of Brand Management 19, December 2021, 213-27)에 잘 요약되어 있다.

22 Kabir Ahuja, Fiona Hampshire, Alex Harper, Annabel Morgan, Jessica Moulton, Moulton. "A better way to build a brand: The community flywheel." McKinsey & Company. September 28, 2002. https://www.mckinsey.com/capabilities/growth-marketing-and-sales/our-insights/abetter-way-to-build-a-brand-the-community-flywheel.

23 Kara Goldin, "CEO Ashley Sumner: Founder & CEO of Quilt", 〈더 카라 골딘 쇼[The Kara Goldin Show]〉, 2021년 9월 29일, 팟캐스트. 애슐리 섬너의 말은 2021년 11월 8일 카라 골딘의 인터뷰가 담긴 유튜브 동영상에서 발췌.

2장 '팔로워'와 '청중'이 커뮤니티가 되게 해라

1 Chris Baer, "The Rise of Online Communities" GWI Chart of the Week, January 07, 2020.

1 Tiffany Hall, "The Advertising Industry Has a Problem: People Hate Ads." The *New York Times*, October 28, 2019. https://www.nytimes.com/2019/10/28/business/media/advertising-industry-research.html.

2 McConnell, "How blank display ads managed to tot up some impressive numbers." *Ad Age*, July 23, 2012. https://adage.com/article/digital/incredible-click-rate/236233.

3 Katrina Brooker, "How cult brands like SoulCycle and Airbnb are actually kinda cult-like." Fast Company, October 22, 2019. https://www.fastcompany.com/90410718/its-timeto-see-cult-brands-like-soulcycle-and-airbnb-for-whatthey-really-are-cults.

4 Molly Talbert, "The WELL — Where Online Community Began." Higher Logic Blog, February 4, 2016. https://www.higherlogic.com/blog/the-well-where-online-communitybegan/.

5 Casey Botticello, "105 Online Community Statistics To Know: The Complete List (2022)." PeerBoard. Updated January 24, 2002. https://peerboard.com/resources/onlinecommunity-statistics.

6 Elizabeth Bell, "Reduce Customer Support Costs the Community Way." Higher Logic Blog, September 5, 2019. https://www.higherlogic.com/blog/reduce-customersupport-costs-the-community-way/.

7 CMX. "2022 Community Industry Report." https://go.bevy.com/rs/825-PYC-046/images/cmx-community-industryreport%202022_update.pdf.

8 Trend Hunter, "2022 Trend Report." https://www.trendhunter.com/.

9 Casey Botticello, "105 Online Community Statistics."

10 Susan Fournier, Lara Lee, "Getting Brand Communities Right." *Harvard Business Review*, April 2009. https://hbr.org/2009/04/getting-brand-communities-right.

11 Casey Botticello, "105 Online Community Statistics."

12 Kabir Ahuja, Fiona Hampshire, Alex Harper, Annabel Morgan, Jessica Moulton, "A better way to build a brand: The community flywheel." McKinsey & Company,

September 28, 2002. https://www.mckinsey.com/capabilities/growth-marketing-and-sales/our-insights/abetter-way-to-build-a-brand-the-community-flywheel.

13 Hyun-Young Lee, Doo-Hee Lee, Jong-Ho Lee, and Charles R. Taylor. "Do online brand communities help build and maintain relationships with consumers? A network theory approach." *Journal of Brand Management* 19 (December 2011):213-27.

14 K. L. Keller, "Building Customer-Based Brand Equity." *Marketing Management* 10 (2001): 15-19.

15 The Community Roundtable, "The State of Community Management 2020." https://communityroundtable.com/what-we-do/research/the-state-of-communitymanagement/the-state-of-community-management-2020/.

16 Casey Botticello, "105 Online Community Statistics."

17 Sarah Robinson-Yu, "20 Stats About the Benefits of Online Community Forums." Higher Logic Blog, February 12, 2020. https://blog.vanillaforums.com/20-statistics-aboutthe-benefits-of-online-communities.

18 Sara Wilson, "The Era of Antisocial Social Media." *Harvard Business Review*, February 5, 2020. https://hbr.org/2020/02/the-era-of-antisocial-social-media.

19 Jovan Cicmil, "Community-as-a-Service: A Business Model for the 21st Century." *Medium*, May 13, 2021. https://medium.com/swlh/community-as-a-service-a-business-model-forthe-21st-century-b7e0612e7095.

20 Sara Wilson, "Where Brands are Reaching Gen Z." *Harvard Business Review*, March 11, 2021. https://hbr.org/2021/03/where-brands-are-reaching-gen-z.

21 Henri Tajfel, John. C. Turner, "The Social Identity Theory of Intergroup Behavior" in Psychology of Intergroup Relations, edited by S. Worchel and W. G. Austin. Chicago: Nelson-Hall, 1986.

22 Regina Burnasheva, Yong Gu Suh, and Katherine Villalobos-Moron. "Sense of community and social identity effect on brand love: Based on the online communities of a luxury fashion brands." *Journal of Global Fashion Marketing* 10, no. 1 (January 2019): 50-65.

23 "Why are Lululemon Leggings So Expensive?" Runner's Athletic Blog. https://

www.runnersathletics.com/blogs/news/why-are-lululemon-leggings-so-expensive.

24 Laura Hill, "How Lululemon Uses Ambassadors To Foster Customer Engagement." *Welltodo*, July 3, 2017. https://www.welltodoglobal.com/lululemon-uses-ambassadorsfoster-customer-engagement/.

25 Samuel Hum, "4 Tactics Lululemon Uses to Leverage Word-of-Mouth For Their Brand." ReferralCandy Blog, June 30, 2015. https://www.referralcandy.com/blog/lululemon-marketing-strategy.

6장 커뮤니티가 성장하기 위해 갖추어야 할 5가지 기업 문화

1 Tatiana Morand,"Why Most Online Communities Are Destined to Fail." Influitive Blog, June 9, 2017. https://influitive.com/blog/why-most-online-communities-aredestined-to-fail/.

2 기본적인 일부 개념은 다음에서 가져온 것이다. Susan Fournier, Lara Lee, *Harvard Business Review*, April 2009. https://hbr.org/2009/04/getting-brand-communities-right.

3 Regina Burnasheva, Yong Gu Suh, Katherine Villalobos-Moron, "Sense of community and social identity effect on brand love: Based on the online communities of a luxury fashion brands." *Journal of Global Fashion Marketing* 10, no. 1 (January 2019): 50-65.

4 Richard L. Gruner, Christian Homburg, Bryan A. Lukas. "Firm-hosted online brand communities and new product success." *Journal of the Academy of Marketing Science*, 42, no. 1 (2014): 29-48.

7장 목적의식에서부터 시작해라

1 Richard Edelman, "Brand Trust; The Gravitational Force of Gen Z." June 20, 2022. https://www.edelman.com/trust/2022-trust-barometer/special-report-new-

cascade-ofinfluence/brand-trust-gravitational-force-gen-z.

2 Sarah Kent, "Ganni's Guerrilla Approach to Global Growth." *Business of Fashion*, October 14, 2019.

3 Hui-Yi Ho, Hung-Yuan Pan, "Use behaviors and website experiences of Facebook community." 2010 *International Conference on Electronics and Information Engineering* (ICEIE) 1 (August 2010): 379-383.

8장 어떻게 회원을 모을 것인가?

1 Lauren Anderson, "Cult brands: How companies build a fanatical fan base", *Milwaukee Business News*, November 25, 2019, https://biztimes.com/cult-brands-kwik-trip-midwestairlines-cookies-harley-davidson/.

2 자신의 개인 브랜드를 개발하는 방법에 대해 자세히 알고 싶다면 상세한 로드맵이 나와 있는 나의 책《KNOWN》을 참고하기 바란다.

3 Utpal M. Dholakia, Richard P. Bagozzi, Lisa Klein Pearo, "A social influence model of consumer participation in network- and small-group-based virtual communities." *International Journal of Research in Marketing* 21, no. 3 (September 2004): 241-63.

4 트위치 이야기의 자세한 내용은 다음 책에서 참고했다. Bailey Richardson, Kevin Huynh, Kai Elmer Sotto "Get Together: How to Build a Community With Your People".

5 Jessica Testa, "A Pink Parade at the End of the World", *The New York Times*, April 14, 2022, https://www.nytimes.com/2022/04/14/style/loveshackfancy.html.

9장 마케터를 위한 새로운 마인드셋

1 CMX. "2022 Community Industry Report." https://go.bevy.com/rs/825-PYC-046/images/cmx-community-industryreport%202022_update.pdf.

2 Jamie Lauren Keiles, "Even Nobodies Have Fans Now." *The New York Times*

Magazine, November 13, 2019. https://www.nytimes.com/interactive/2019/11/13/magazine/internetfandom-podcast.html.

3 Sam Harris, "Status Games." Making Sense, August 31, 2022. 팟캐스트(형식과 명확성을 위해 인용구 편집됨).

4 Michael Marmot, "The Whitehall Study." The Center for Social Epidemiology. https://unhealthywork.org/classicstudies/the-whitehall-study/.

5 Casey Botticello, "105 Online Community Statistics To Know: The Complete List (2022)." PeerBoard, January 24, 2022. https://peerboard.com/resources/online-communitystatistics.

6 Sara Wilson, "How Spotify Built A Digital Campfire For Its Super-Fans." The Digital Campfire Download, October 25, 2022. Podcast. https://www.digitalcampfires.co/recaps/how-spotify-built-a-digital-campfire-for-its-super-fans.

10장 커뮤니티의 성과는 어떻게 측정할까?

1 CMX. "2022 Community Industry Report." https://go.bevy.com/rs/825-PYC-046/images/cmx-community-industryreport%202022_update.pdf.

2 Casey Botticello, "105 Online Community Statistics To Know: The Complete List (2022)." PeerBoard, January 24, 2022. https://peerboard.com/resources/online-communitystatistics.

3 Kabir Ahuja, Fiona Hampshire, Alex Harper, Annabel Morgan, Jessica Moulton, "A better way to build a brand: The community flywheel." McKinsey & Company, September 28, 2002. https://www.mckinsey.com/capabilities/growth-marketing-and-sales/our-insights/abetter-way-to-build-a-brand-the-community-flywheel.

4 J. Sasmita, N. Mohd Suki, 2015, Young consumers' insights on brand equity. *International Journal of Retail and Distribution Management* 43(3): 276–292. https://doi.org/10.1108/IJRDM- 02-2014-0024.

5 M. Zhang, N. Luo, 2016, Understanding relationship benefits from harmonious brand community on social media. Internet Research 26(4): 809–826.

6 D. Scarpi, Does size matter? An examination of small and large Web-based bran

communities. *Journal of Interactive Marketing*, 24(1), 14–21.

7 A. Mahrous, A. Abdelmaaboud, 2017. Antecedents of participation in online brand communities and their purchasing behavior consequences. Service Business 11(2): 229–251. https://doi.org/10.1007/s11628-016-0306-5.

8 Pamela N Danziger, "How To Make A Great Loyalty Program Even Better? Sephora Has The Answer." *Forbes*, January 23, 2020. https://www.forbes.com/sites/pamdanziger/2020/01/23/how-to-make-a-great-retailloyalty-program-even-better-sephora-has-the-answer/.

11장 웹3.0과 미래 기술을 활용한 새로운 커뮤니티

1 Mark Schaefer, "Three significant NFT case studies for marketing." Marketing Companion, October 31, 2022. Podcast. https://businessesgrow.com/2022/10/31/nft-casestudies/.

2 Morgan Beller, "Building A "Community-First" Company." *NfX*, October 2021. https://www.nfx.com/post/communityfirst-company-building(사례 연구가 여기에서 나왔으며 간략하게 편집을 거쳤음).

3 Amy Roeder, "Social media use can be positive for mental health and well-being." Harvard T.H. Chan School of Public Health, January 6, 2020. https://www.hsph.harvard.edu/news/features/social-media-positive-mental-health/.

12장 드러나지 않는 비밀 커뮤니티, 디지털 캠프파이어

1 Ed Keller, "The 4 Types Of Everyday Influencers That Consumers Trust." *Marketing Insider*, May 09, 2022.

2 Sara Wilson, "Want to Build Intimacy With Customers? Get to Know Digital Campfires." *MIT Sloan Management Review*, November 29, 2021. https://sloanreview.mit.edu/article/want-to-build-intimacy-with-customers-get-toknow-digital-campfires/(이 섹션의 여러 개념과 예시는 새라 윌슨의 글에서 나온 것임을 밝힌다).

3 "It's in our spirits." Amazon Ads. https://advertising.amazon.com/library/case-studies/twitch-absolut.

4 Alessandro Alessio, "3 Times Brands Used Discord for Branding And To Engage Communities." *Rock Content*, July 4, 2022. https://rockcontent.com/blog/brands-on-discord/.

5 Chris Kelly, "Why Jack in the Box hosted a Comic-Con afterparty on Discord." *Marketing Dive*, August 3, 2021. https://www.marketingdive.com/news/why-jack-in-thebox-hosted-a-comic-con-afterparty-on-discord/604357/.https://www.marketingdive.com/news/why-jack-in-thebox-hosted-a-comic-con-afterparty-on-discord/604357/.